neukirchener
theologie

Ilsabe Alpermann / Martin Evang (Hg.)

Mit Lust und Liebe singen

Lutherlieder in Porträts

Vandenhoeck & Ruprecht

Bibliografische Information der Deutschen Nationalbibliothek

Die Deutsche Nationalbibliothek verzeichnet diese Publikation in der Deutschen Nationalbibliografie; detaillierte bibliografische Daten sind im Internet über http://dnb.d-nb.de abrufbar.

ISBN 978-3-7887-3143-4

Weitere Angaben und Online-Angebote sind erhältlich unter: www.v-r.de

Umschlaggestaltung: Andreas Sonnhüter, Niederkrüchten
Umschlagabbildung: public domain
Satz: Dorothee Schönau, Wülfrath
Druck und Bindung: Hubert & Co. GmbH & Co. KG, Robert-Bosch-Breite 6, D-37079 Göttingen

Gedruckt auf alterungsbeständigem Papier

Vorwort

Luthers Lieder haben das in der Reformation neu entdeckte Evangelium ins Land getragen und in den Herzen der Menschen verankert. Was Luther als Prediger verkündet, als Professor gelehrt und als Autor publiziert, was er in den Katechismen für Kirche und Haus elementar dargelegt hat, das gewann im Medium seiner Lieder eine gesteigerte Intensität und Reichweite: Worte, die gesungen werden, ergreifen Menschen tiefer, als wenn sie sie nur gesprochen hören, und im Miteinandersingen vertieft sich die in gemeinsamer Überzeugung gründende Verbundenheit. Luthers Lieder standen am Beginn des evangelischen Gemeindegesangs; vor allem durch sie blieb die evangelische Kirche über Jahrhunderte mit ihrem Ursprung lebendig verbunden.

Das 500. Jubiläumsjahr der Reformation gibt Anlass, nach der Zukunft von Luthers Liedern zu fragen. Es ist offensichtlich, dass sie in den Gottesdiensten der evangelischen Kirche heute seltener gesungen werden. Manche, die früher zum festen Bestand gehörten, sind ganz außer Gebrauch gekommen. Diese Entwicklung zeichnete sich bereits im Wechsel vom Evangelischen Kirchengesangbuch von 1950 zum Evangelischen Gesangbuch (1993) ab. Ganz aktuell ist sie an der Liste der Wochenlieder in der überarbeiteten »Ordnung gottesdienstlicher Texte und Lieder« (2018) abzulesen.

Aber Luthers Lieder verdienen weiterhin nicht nur historisches Interesse; noch heute kann der christliche Glaube, wenn er sich auf sie einlässt, aus ihnen Schwung und Sprache gewinnen. Ebenso kann Neugier auf diese Lieder geweckt werden. Aus dieser Erfahrung und mit diesem Zutrauen ist dieses Buch entstanden. In Einzelporträts erschließt es die Mehrzahl der Lieder Luthers mit dem Ziel, dass sie in unseren Gemeinden wieder mehr gesungen werden, dass in Gottesdiensten über sie oder mit ihnen gepredigt wird und sie so ihr Potenzial neu entfalten. Wir empfehlen deshalb das Buch besonders den TheologInnen und MusikerInnen, die in den Kirchengemeinden für die Gottesdienste zuständig sind.

Die allgemeinverständlichen Porträts basieren zum größeren Teil auf den wissenschaftlichen Kommentaren zu Luthers Liedern, die in der »Liederkunde zum Evangelischen Gesangbuch« (Göttingen, 2000ff.) vorliegen. Für eingehendere Fragen und für Spezialliteratur – über die allgemeine Auswahl am Schluss des Bandes hinaus – sei auf die »Liederkunde« verwiesen. In die Auswahl haben wir auch einige Lieder aufgenommen, die für Luthers Liedschaffen bedeutsam, aber keine Kirchenlieder sind oder nicht mehr im aktuellen Gesangbuch stehen.

Wir danken den Autoren, die unserer Einladung, ein oder mehrere Porträts beizusteuern, gern angenommen haben. Mit ihnen freuen wir uns, das Buch zum Ende des Jubiläumsjahres der Reformation vorlegen zu können. Dabei blicken wir voraus auf das im Jahr 2024 bevorstehende 500-jährige Jubiläum des ersten evangelischen Gesangbuchs und auf die anstehende Überarbeitung des Evangelischen Gesangbuchs, für das wir uns eine kluge, neu zu ermittelnde Balance von alten und neuen Liedern wünschen.

Ilsabe Alpermann und Martin Evang

Inhalt

Lieder nach biblischen Vorlagen

Einleitung: Martin Luther als Liedschöpfer

»Wir suchen überall Poeten«, schrieb Martin Luther 1523 dem befreundeten Humanisten Georg Spalatin. Sie sollen beitragen, nach dem Vorbild der »Propheten« des Alten Testaments und der »Väter« der Kirche, geistliche Lieder in der Volkssprache zu verfassen, damit das Wort Gottes auch durch Gesang im Kirchenvolk wirksam werde und erhalten bleibe. Schlicht und verständlich sollen sie sein, ohne modischen Wortputz, aber würdig, ihrer Bestimmung gemäß. Leitbild sind die Psalmen. Luther macht Vorschläge, nennt mögliche Bearbeiter, legt einen eigenen Entwurf bei (vgl. Hahn, Evangelium 65f.).

Gottesdienst – Glaubenslehre – Glaubensleben – Psalmen

Wir sind in der Zeit, in der Luthers Reform des Gottesdiensts festere Gestalt annimmt. Bereits für die Formula missae et communionis von Ende 1523 waren unter Berufung auf die »Einsetzung« durch Paulus (s.u.) deutsche geistliche Lieder vorgesehen. Da es dafür aber an »Poeten mangelt«, werden vorläufig einige geeignete mittelalterliche Gesänge vorgeschlagen wie *Nun bitten wir den Heiligen Geist*. Der Raum für deutsche Lieder ist für die durchgehend Deutsche Messe von 1525/26 und die Gottesdienstordnung von 1528/33 beträchtlich erweitert: deutsche Lieder für Introitus und Graduale, nach der Epistel und Predigt, für das Credo, für die Abendmahlsausteilung nach Sanctus und Agnus Dei. Diesen Liedern, die die Gemeinde singt, ist zuerkannt, dass sie die bislang lateinischen liturgischen Stücke nicht nur zustimmend begleiten, sondern vollgültig ersetzen können.

Als Luthers Aufruf zuerst nur geringes Echo findet, macht sich der Vierzigjährige selbst ans Werk. Zwischen 1523 und 1524 entstehen 24, zwei Drittel seiner Lieder. Sie kommen rasch in überörtlichen Gebrauch, veröffentlicht teils als lose Liederblätter, verteilt, verkauft und vorgesungen, zunehmend aber auch gesammelt in buchdruckerischen Unternehmungen wie im Augsburger »Achtliederblatt« und in zwei Erfurter »Enchiridien« (Handbüchlein), bis schließlich 1524, unter Luthers Augen, in Wittenberg ein von Johann Walter gestaltetes Chorgesangbuch entsteht. Die luthernahe Wittenberger Tradition wird dann Joseph Klug mit seinen Gesangbüchern von *1529 (verloren), 1533, 1535, 1543 fortführen, die schon ähnlich wie unsere heutigen aufgebaut sind.

Dem Chorgesangbuch bereits lässt sich der vorwiegend gottesdienstliche Anlass der Lieder entnehmen, wenn der Jahresfestkreis von Advent und Weihnachten bis Ostern und Pfingsten ausgestattet ist unter anderem mit *Nun komm, der Heiden Heiland* (EG 9); *Gelobet seist du, Jesu Christ* (EG 23); *Christ lag in Todesbanden* (EG 101); *Komm, Heiliger Geist, Herre Gott* (EG 125). Lieder auch für die feststehenden Teile des Gottesdienstes: *Wir glauben all an einen Gott* (EG 183) für das Credo; für das Abendmahl *Gott sei gelobet und gebenedeiet* (EG 214) und *Jesus Christus, unser Heiland, der von uns den Gotteszorn wandt* (EG 215). Eine deutsche Litanei ist bereitgestellt mit *Gott, der Vater, wohn uns bei* (EG 138). – Den Katechismus als geordnete Christenlehre, Luthers dringendstes Anliegen, unterstützen Lieder wie *Dies sind die heilgen zehn Gebot* (EG 231) und *Mensch, willst du leben seliglich* für den Dekalog; dafür verwendbar sind das Credolied und die Abendmahlslieder. – Es finden sich aber auch Lieder, die dem Ringen um den rechten Glauben bewegte Stimme geben. Den Heilsempfang besingt programmatisch das »Evangeliumslied« *Nun freut euch, lieben Christen g'mein* (EG 341). Dem Verlauf des Christenlebens, des Einzelnen wie der Gemeinde, in Not, Bedrängnis, Anfechtung wie auch in Rettung, Hilfe, Trost folgen seelsorgerlich besonders die sechs Psalmlieder Luthers, darunter *Aus tiefer Not schrei ich zu dir* (Ps 130; EG 299) und *Ach Gott, vom Himmel sieh darein* (Ps 12; EG 273). Noch vor den Schweizern hat Luther biblische Psalmen in deutschen Strophenliedern nachgesungen, allerdings freier als in Genf und christologisch ausgerichtet. *Mit Fried und Freud ich fahr dahin* (EG 519) ist ein getrostes Sterbelied nach dem Canticum Simeonis (Lk 2,29–32). Was Anfechtung in tiefster Tiefe ist, beschreibt *Mitten wir im Leben sind* (EG 518). Luthers erstes Lied aber war ein »Zeitungslied«, mit dem er in den publizistischen Kampf eingriff, der um den Verbrennungstod zweier lutherisch gesinnter Augustinermönche entbrannt war: *Ein neues Lied wir heben an.*

Die Lieder, die Luther nach 1524 verfasst hat, sind weitgehend als Ergänzungen zu verstehen, und zwar nicht nur des eigenen Liedvorrats. Dieser ist inzwischen denn doch durch Beiträge anderer so angewachsen, dass Luther sich schon im Wittenberger Gesangbuch von *1529 zu begrenzenden und sortierenden Maßnahmen gezwungen sieht, soll der »Pfeffer« des »reinen Wortes« nicht im »Mäusemist« »untüchtiger Gesänge« verkommen. So in seiner Vorrede. Die Lieder werden mit Autornamen versehen und in abgestuften Gruppen zusammengefasst: Luthers Lieder, Lieder der (lutherischen) »Unseren« (Justus Jonas *Wo Gott, der Herr, nicht bei uns hält,* EG 297), Lieder der (vorreformatorischen) »Alten« (*Christ ist erstanden,* EG 99), streng ausgewählte Lieder »Anderer« (Paul Speratus *Es ist das Heil uns kommen her,* EG 342).

Der weiteren Ausstattung des Gottesdienstes dienen Luthers deutsches Sanctus von 1525 *Jesaia dem Propheten das geschah* (EKG 135) und das deutsche Te Deum von 1528/29 *Herr Gott, dich loben wir* (EG 191). Zum Festkreis tritt 1542 das Weihnachtslied *Vom Himmel kam der Engel Schar* (EG 25) und 1541 das Epiphaniaslied *Was fürchtst du, Feind Herodes, sehr* hinzu. Der Vesperhymnus *Der du bist drei in Einigkeit* (EG 470) ist, 1543, Luthers abendliches letztes Lied. – Den Bestand der Katechismuslieder ergänzen 1538/39 ein Vaterunserlied *Vater unser im Himmelreich* (EG 344) und 1541 ein Tauflied *Christ, unser Herr, zum Jordan kam* (EG 202). – Dass Luther als Liederdichter sich auch weiterhin für aktuelle Anlässe verantwortlich weiß, zeigen sein Bittlied um Frieden 1529 *Verleih uns Frieden gnädiglich* (EG 421) und sein »Kinderlied« gegen Papst und Türken 1541/42 *Erhalt uns, Herr, bei deinem Wort* (EG 193), Antworten auf bedrängende kirchliche und politische Situationen. – Ein Lied, das starken Trost in großer Not sucht, ist auch seine freie Bearbeitung des 46. Psalms *Ein feste Burg ist unser Gott* (EG 362), das erst später zum Bekenntnislied der Lutherischen wird. – Die erstaunlichste Bereitschaft und Offenheit Luthers aber, was Anlass und Gestaltung anlangt, zeigen sein »Kinderlied auf die Weihnacht Christi« *Vom Himmel hoch, da komm ich her* (EG 24), das zwischen 1533 und 1535 entstand, und mehr noch sein höfisches Liebeslied an die Kirche von 1534/35 *Sie ist mir lieb, die werte Magd.*

Vorreden zu Gesangbüchern

Die Vorrede Luthers zum Chorgesangbuch von 1525, seine erste, überspringt die unterschiedlichen Anlässe der darin versammelten geistlichen Lieder, selbst die gottesdienstlichen, und bestimmt als ihre gemeinsame letzte Aufgabe, »das heilige Evangelium, so jetzt von Gottes Gnaden wieder aufgangen ist, zu treiben und in Schwang zu bringen.« Und das heißt wiederum, »dass Christus unser Lob und Gesang sei und [wir] nichts wissen sollen zu singen noch zu sagen denn Jesum Christum, unsern Heiland ...« Eben auch im Lied, »auf dass dadurch Gottes Wort und christliche Lehre auf allerlei Weise getrieben und geübt werden.« Vorangestellt ist auch hier noch einmal ausdrücklich, dass sich Wittenberg in der legitimierenden Tradition der alttestamentlichen »Propheten und Könige« und ihrer Gesänge weiß, ihre Einsetzung durch Paulus in 1Kor 14,15.26 und Kol 3,16 befolgt und sich dem anschließt, was Brauch der Christenheit von Anfang an war.

Luthers letzte Vorrede, die er 1545 dem Leipziger Gesangbuch Valentin Babsts beigibt, hat die Grundsätzlichkeit eines Testaments. Er geht aus von Psalm 96,1: »Singet dem Herrn ein neues Lied, singet dem Herrn alle Welt.« Was »neues Lied« bedeutet, sieht er in der neutestamentlichen Botschaft erfüllt und im neutestamentlichen Gottesdienst verwirklicht. »Denn Gott hat unser Herz und Mut fröhlich gemacht durch seinen lieben Sohn, welchen er für uns gegeben hat zur Erlösung von Sünden, Tod und Teufel. Wer solchs mit Ernst glaubt, der kanns nicht lassen, er muss fröhlich und mit Lust davon singen und sagen, dass es andere auch hören und herzu kommen.« Geistlicher Gesang folgt nicht nur biblischem Vorbild und biblischer Verordnung, sondern ist wesensmäßige Ausdrucksform christlichen Glaubens und Lebens.

Um das eine Evangelium in seiner Fülle in die unterschiedlichsten Lebenssituationen hinein zu verkündigen und in ihnen zur Geltung zu bringen, hat »der Vater des evangelischen Kirchenliedes« ein literarisches Werk von beispielhafter Vielfalt und Vielgestaltigkeit geschaffen. Es hat ihm, zusammen mit der Bibelübersetzung, einen Platz nicht nur in der Kirchengeschichte, sondern auch in der Literaturgeschichte gesichert.

Bearbeitung von Vorlagen

Seine Liedthemen in ihrer Breite sind schon benannt. – Um sie wirksam darzustellen, greift Luther für die meisten seiner Lieder auf sehr unterschiedliche Vorlagen zurück und bearbeitet diese wiederum auf unterschiedlichste Weise, durch Übersetzung, Paraphrase, Auswahl und Ausscheidung, Weiterdichtung, Prosabereimung und mehr. Das mag Arbeitserleichterung in gedrängter Zeit erbracht haben, bedeutet aber vor allem, dass Luther, der nicht »neuern« will, an Vertrautes anknüpft und von dort aus tiefer in die evangeliumgemäße »christliche Lehre« hineinleiten will. Wenn er ausgewählte Vorlagen »bessert«, führt er vom Guten zum Besseren. – Das gilt besonders für deutsche Strophen, die bereits in Gottesdienst und Frömmigkeitsübung gesungen worden waren. So erweitert er die verbreitete Strophe *Nun bitten wir den Heiligen Geist* zu einem vierstrophigen Pfingstlied, in dem die Bitte um *den rechten Glauben allermeist* gefüllt wird mit *lehr uns Jesum Christ kennen allein.* Die einstrophige alte Leise *Gelobet seist du, Jesu Christ* wird zur umfassenden siebenstrophigen Weihnachtsbotschaft. *Mitten wir im Leben sind* führt, bei Luther dreistrophig, zu den letzten Gründen der Todesangst. In den sieben Strophen seines *Christ lag in Todesbanden*, das sehr frei *Christ ist erstanden* »bessert«, besteht Luther auf dem unauflöslichen Zusammenhang von Christi Auferstehung, seiner Passion und unserer Todverfallenheit. – Über die gewählten und erweiterten deutschen Strophen kommen indirekt auch zugrundeliegende lateinische Sequenzen und Antiphonen zur Wirkung. Nimmt man die sieben Hymnen hinzu, die Luther übersetzt hat, darunter das Te Deum mit seiner Symbolum-Autorität, das *Veni redemptor gentium* und *Veni creator spiritus*, so kommen in seinem Liedœuvre nahezu alle vorreformatorischen Gesangsgattungen zu neuer Geltung. Die Hymnen nun hat Luther in Bestätigung ihrer Christologie, vielleicht gegen Thomas Müntzers Eingriffe, Vers für

Vers, nahezu Wort für Wort übertragen, bis an die Grenze der Verständlichkeit, wenn *und blüht ein Frucht Weibs Fleisch* das *fructusque ventris floruit* aus *Veni redemptor* wiedergibt. – Auswahl und Verfahren sind letztlich, als »rechte Lehre«, an der Schrift orientiert. Auf sie als Vorlagenbereich greift Luther direkt zurück, wenn er das Vaterunser und zweimal die Zehn Gebote so in Vers und Reim bringt, dass die biblischen Bitt- und Lehrreihen und die Kernformulierungen im Nachsingen deutlich erhalten bleiben. Biblische Vorlagen sind die Jesaia-Vision (6,1–4) für sein Sanctus und die Jordan-Taufe (Mt 3,13–17par) für sein Tauflied, nicht zuletzt die Psalmen und das Canticum Simeonis (Lk 2,29–32) als bereits poetisch vorgeformte Texte, die Luther in deutsche Strophenform gießt, besonders frei paraphrasierend in *Ein feste Burg.* – Die wenigen Lieder, die Luther ohne konkrete Vorlage gestaltet hat, lehnen sich jedoch an Gattungstraditionen an und rufen deren »Sitz im Leben« für sich auf: *Ein neues Lied wir heben an* und *Nun freut euch* sind »Zeitungslieder«, gereimte Publizistik für Sensationelles. *Vom Himmel hoch* lässt die Engel mit der *guten neuen Mär* der Weihnachtsbotschaft um das Sieger-Kränzel für die beste »neue Mär« singen. Der Kirche in ihrer bräutlichen Gestalt widmet Luther ein höfisches Liebeslied *Sie ist mir lieb, die werte Magd.*

Stil- und Formenreichtum

Was die sprachliche Ausgestaltung anlangt: Luther schätzt und nutzt die Rhetorik seiner Zeit, die als ars movendi die Herzen für ihre Anliegen »bewegen« will. Er verfügt mit einer Selbstverständlichkeit, die alles Angelernte und jede Zurschaustellung hinter sich lässt, über die sprachlichen Mittel, die sie für die unterschiedlichsten Situationen bereitstellt. Die Anforderungen und Ergebnisse seiner Bibelübersetzung kommen den Liedern zugute. Wir finden »epische«, erzählende Partien nicht nur in seinen »Zeitungsliedern«: *Christ, unser Herr, zum Jordan kam ...* eröffnet das Tauflied. Daneben »dramatisch« geballte Szenen mit Anruf und Dialog: *Er sprach zu mir: Halt dich an mich! Es soll dir jetzt gelingen!* (EG 341,5) Das Märtyrerlied klingt aus mit den berühmten »lyrischen« Zeilen: *Der Sommer ist hart vor der Tür,/ der Winter ist vergangen,/ die zarten Blumen gehn herfür ...* Daneben Didaktisches in ganz schlichten Merkversen: *Du sollst heilgen den siebten Tag,/ dass du und dein Haus ruhen mag* (EG 231,4). Plaudernder Diminutiv-Stil im Kinderlied: *Was liegt doch in dem Krippelein?/ Wes ist das schöne Kindelein?/ Es ist das liebe Jesulein.* Daneben Passagen einer hochgetriebenen Rhetorik: *Fragst du, wer der ist?/ Er heißt Jesus Christ,/ der Herr Zebaoth/ und ist kein ander Gott./ Das Feld muss er behalten* (EG 362,2). Drastische Zuspitzung: *Die Schrift hat verkündet das,/ wie ein Tod den andern fraß./ Ein Spott aus dem*

Tod ist worden (EG 101,4). Daneben die Kurzidylle, in die Hymnusfeierlichkeit eingefügt: *Ein Maidlein trug ein heimlich Pfand,/ das der Natur war unbekannt.* Immer schon ist der vielfältige Bildgebrauch Luthers hervorgehoben worden. Er vor allem ist es, der im Menschen »in Bewegung bringt«, was, auch im Lied, theologisch genau entwickelt ist. So machen bildhafte Verben nicht nur anschaulich, sondern affekthaft erlebbar, was theologisch-terminologisch als Trias der widermenschlichen Mächte bestimmt ist: *Dem Teufel ich gefangen lag,/ im Tod war ich verloren,/ mein Sünd mich quälet Tag und Nacht* ... Folterhaft! (EG 341,2)

Überaus vielgestaltig auch die Metrik und Strophik in nur 36 Liedern. Wir finden lange Reimpaarketten im deutschen Sanctus und Te Deum. Lieder von einer bis zwölf Strophen. Strophen von vier bis 14 Verszeilen bei unterschiedlicher Binnenstruktur. Der schlichte vierhebige Vierzeiler steht neben dem preziösen Zwölfzeiler des Hoflieds. Wenn Luther ohne Vorlage frei gestaltet, bevorzugt er die Form aus Stollen-Stollen-Abgesang mit betonter reimloser Schlusszeile, die einen gezielten inhaltlichen Aufbau formal stützt. Siebenzeilig wie in *Aus tiefer Not schrei ich zu dir* (EG 299) trägt sie den Namen »Lutherstrophe«. Unvertraut ist uns, wenn er das Prinzip der Silbenzählung anwendet (*Unsér armés Lied rümet dích*, Achtsilbler), das immerhin die Dignität der ambrosianischen Hymnen und des zeitgenössischen Meistergesangs mit sich führt. Meist aber verwendet er das vertraute Prinzip, nach dem metrische Hebung und Wortbetonung zusammenfallen (*Ach Gótt, vom Hímmel síeh daréin*).

Singen und Sagen – Luthers Musikverständnis[1]

Martin Luthers ab 1523 greifbares Engagement für die Liederdichtung kann nur recht verstanden werden, wenn man Luthers Musikauffassung mit in Betracht zieht. Aus der Zeit um 1523 gibt es allerdings keine nennenswert verwertbaren Voten Luthers zur Musik. Erst später finden sich umfangreichere Äußerungen, vor allem 1530 in einem Brief an Ludwig Senfl, 1538 in seiner Vorrede zu den Symphoniae iucundae des Druckers Georg Rhau und schließlich in dem etwa zur gleichen Zeit entstandenen Gedicht Frau Musica, das auch als Vorrede auf alle guten Gesangbücher bekannt ist und dessen zweiten Teil das EG unter der Nr. 319 mit einer Melodie Karl Lütges als eigenständiges Lied bringt. Deren Inhalt lässt sich aber bruchlos mit dem frühen Liedschaffen der Jahre 1523/24 verbinden.

1 Dieser Abschnitt stammt von Gunter Kennel.

Musik ist für Luther Schöpfungsgabe, allen Kreaturen zum Lobe Gottes gegeben. Sie ist wirkmächtig, macht bereit zum Evangelium und bringt es selber zum Ausdruck. Nach der Theologie bzw. nach dem Wort Gottes selbst (so in der Vorrede 1538) hat sie unter den Künsten die erste Stellung, weil sie die Bewegung der menschlichen Herzen regiert. Damit ist sie zugleich Werkzeug des Heiligen Geistes.

Als Schöpfungsgabe ist die Musik allen Kreaturen gegeben. Auch der Gesang der Vögel ist schon »Kunst« und Lob und Preis Gottes. Als Menschenwerk ist sie freilich noch viel kunstvoller und zielt geradezu auf den künstlerischen Ausdruck. Im Gewebe verschiedener Stimmen um einen cantus firmus erregt sie beispielsweise das Staunen der Menschen über Gottes Weisheit. Ein herausragender Vertreter für solch hohe Kunst ist für Luther der Komponist Josquin Desprez, der in seinen Werken zudem durch seinen gleichsam »künstlerisch-freien« Umgang mit den überlieferten Regeln die Freiheit des Evangeliums gegenüber dem Gesetz symbolisch zum Ausdruck bringt und damit eine künstlerische Analogie zur reformatorischen Botschaft von der Freiheit schafft, die Gott durch seinen Sohn schenkt.

Insbesondere der Gesang ist die höchste Steigerung der Musik, weil sich in ihm die gleichsam »natürliche« Schöpfungsgegebenheit der Musik mit dem Wort und damit zugleich auch mit vernehmbaren und verständlichen Inhalten verbindet. Und wenn durch die Wörter, die mit der Musik zusammenkommen, das Wort Gottes selbst, das Evangelium zum Ausdruck kommt, dann wird solcher Gesang zum Medium, durch den eben dieses Evangelium »in Schwang« kommt. Er wird damit zu einem medium salutis, einem Heilsmittel.

Darum findet sich bei Luther auch häufig die Doppelformel des »Singens und Sagens«, wenn es um das Evangelium geht. Das Singen ist gleichermaßen Verkündigung und Ausdruck des Glaubens, der durch die Verkündigung gewirkt wird. Solches Liedersingen ist darum ein Erkennungsmerkmal für die wahre Kirche, eine der notae ecclesiae.

Das ist der tiefere theologische Beweggrund, der Luther veranlasste, ab 1523 ein breites Liedschaffen zu initiieren und dabei auch selbst an vorderster Stelle mitzuwirken. Sein schöpfungstheologisch begründeter, grundsätzlich die Musik und alle ihre Erscheinungsformen bejahender Zugang ermöglichte es ihm, auf vielfältige Gestalten von Musik unabhängig von ihrer ursprünglich weltlichen, geistlichen oder durch bestimmte Glaubensformen geprägten Provenienz zurückzugreifen.

Gerhard Hahn / Gunter Kennel

Ein neues Lied wir heben an

2. Der Erst' recht wohl Johannes heißt,
so reich an Gottes Hulden;
sein Bruder Heinrich nach dem Geist,
ein rechter Christ ohn' Schulden.
Von dieser Welt geschieden sind,
sie ha'n die Kron' erworben,
recht wie die frommen Gottes Kind
für sein Wort sind gestorben,
sein' Märt'rer sind sie worden.

3. Der alte Feind sie fangen ließ,
erschreckt sie lang mit Dräuen,
das Wort Gott man sie lenken hieß,
mit List auch wollt' sie täuben,
von Löwen der Sophisten viel,
mit ihrer Kunst verloren,
versammelt er zu diesem Spiel;
der Geist sie macht zu Thoren,
sie konnten nichts gewinnen.

4. Sie sungen süß, sie sungen sau'r,
versuchten manche Listen;
die Knaben standen wie ein' Mau'r,
veracht'ten die Sophisten.
Den alten Feind das sehr verdross,
dass er war überwunden
von solchen Jungen, er so groß;
er ward voll Zorn von Stunden,
gedacht' sie zu verbrennen.

5. Sie raubten ihn'n das Klosterkleid,
die Weih' sie ihn'n auch nahmen;
die Knaben waren des bereit,
sie sprachen fröhlich: Amen!
Sie dankten ihrem Vater, Gott,
dass sie los sollten werden
des Teufels Larvenspiel und Spott,
darin durch falsche Berden
die Welt er gar betreuget.

6. Da schickt Gott durch sein Gnad' also,
dass sie recht Priester worden:
Sich selbst ihm mussten opfern da
und geh'n im Christen Orden,
der Welt ganz abgestorben sein,
die Heuchelei ablegen,
zum Himmel kommen frei und rein,
die Möncherei ausfegen
und Menschen Tand hie lassen.

7. Man schrieb ihn'n für ein Brieflein klein,
das hieß man sie selbst lesen,
die Stück' sie zeigten alle drein,
was ihr Glaub' war gewesen.
Der höchste Irrthum dieser war:
Man muss allein Gott glauben,
der Mensch leugt und treugt immerdar,
dem soll man nichts vertrauen;
dess mussten sie verbrennen.

8. Zwei große Feur sie zünd'ten an,
die Knaben sie her brachten,
es nahm groß Wunder jedermann,
dass sie solch' Pein veracht'ten,
mit Freuden sie sich gaben drein,
mit Gottes Lob und Singen,
der Muth ward den Sophisten klein
für diesen neuen Dingen,
da sich Gott ließ so merken.

9. Der Schimpf sie nun gereuet hat,
sie wollten's gern schön machen;
sie thürn nicht rühmen sich der That
sie bergen fast die Sachen,
die Schand' im Herzen beißet sie
und klagen's ihr'n Genossen,
doch kann der Geist nicht schweigen hie:
des Habels Blut vergossen,
es muss den Kain melden.

10. Die Asche will nicht lassen ab,
sie stäubt in allen Landen;
hier hilft kein Bach, Loch, Grub' noch Grab;
sie macht den Feind zuschanden.
Die er im Leben durch den Mord
zu schweigen hat gedrungen,
die muss er tot an allem Ort
mit aller Stimm' und Zungen
gar fröhlich lassen singen.

11. Noch lassen sie ihr Lügen nicht,
den großen Mord zu schmücken,
sie gehen für ein falsch Gedicht,
ihr G'wissen thut sie drücken,
die Heil'gen Gott's auch nach dem Tod
von ihn'n gelästert werden,
sie sagen: in der letzten Noth
die Knaben noch auf Erden
sich sollen ha'n umkehret.

12. Die lass man lügen immerhin,
sie haben's keinen Frommen,
wir sollen danken Gott darin,
sein Wort ist wieder kommen.
Der Sommer ist hart für der Thür,
der Winter ist vergangen,
die zarten Blümlein geh'n herfür:
Der das hat angefangen,
der wird es wohl vollenden.

Lieder statt Zeitungen

Am 1. Juli 1523 lässt die Inquisition, gerade erst von Kaiser Karl V. für die Niederlande eingerichtet, zwei lutherisch gesinnte Antwerpener Augustinermönche auf dem Marktplatz von Brüssel verbrennen. Es sind die ersten Blutzeugen der Reformationsbewegung. Der Fall steht von Anfang an im Dämmerlicht widersprüchlicher Zeugenaussagen, gegensätzlicher Stellungnahmen, ausgestreuter Gerüchte, und er löst einen heftigen publizistischen Streit aus. Luther, ehemaliger Ordensbruder, greift mit einem tröstenden offenen »Brief an die Christen im Niederland« ein. Dessen Wirkungskraft und -breite ist ihm offenbar nicht genug. Er verfasst sein erstes Lied: *Ein neues Lied wir heben an.* Es ist ein *Neues Lied* im Sinne eines »Neuigkeitenliedes«. Neuzeitung, Neue Mär sind weitere zeitgenössische Bezeichnungen für eine unscharf umgrenzte Gattung gereimter, meist gesungener Publizistik; mit Historisches Volkslied, Volksballade, Ereignislied, Zeitlied, Zeitungslied sucht man sie heute zu erfassen. Es gibt zu Luthers Zeit keine periodische Presse. Sehr viele seiner Zeitgenossen könnten sie ohnehin nicht lesen und bezahlen. Der Kurierdienst der Höfe, Städte, Universitäten geht über sie hinweg. Aber es gibt, wie heute, ein existentielles Bedürfnis, Neuigkeiten zu erfahren, ein Bedürfnis, das von bloßer Neugier bis zu lebensnotwendiger Orientierung reicht. In diese Lücke stößt das Zeitungslied, in Flugblättern verbreitet, vorgesungen, mitgesungen, nachgesungen oft nach bekannten Melodien, vermittelt durch Leute, die von Ort zu Ort unterwegs sind wie Handwerksburschen, Händler, häufig verfasst durch Gebildete wie Geistliche, Kanzlisten. Zeitungslieder sind auf Außergewöhnliches, auf Sensationelles ausgerichtet, auf Kriege mit Schlachten und Friedensschlüssen, auf Kriminal- und Skandalfälle, auf Wunderbares und Wunderliches aller Art. Und sie berichten nicht objektiv und neutral; sie nehmen Stellung, loben, schelten, greifen an, verteidigen, rütteln und rufen auf. Luther kennt solche Lieder und verfügt über ihre Machart in erstaunlicher Weise. Der Brüsseler Scheiterhaufen schreit geradezu nach einem Neuen Lied.

Wenn für eines seiner Lieder, können wir für dieses erste Verbreitung durch Liedblätter voraussetzen, einen Gebrauch, der Verbrauch und Verlust einschließt. Erhalten ist es uns, zehnstrophig, in der Sammlung der Erfurter Enchiridien von 1524, und es wird, zwölfstrophig, in allen Wittenberger Gesangbüchern von 1524 an (s. Einleitung) bereitgestellt und in Erinnerung gehalten als *Ein neu Lied von den zweien Märterern Christi, zu Brüssel von den Sophisten zu Löwen verbrannt.*

Zwei evangelische Märtyrer vor Gericht

Die 1. Strophe, deren Aufgabe es ist, das Thema zu nennen und zu umreißen, bietet das Lied bereits im 1.Vers als *Neues Lied* an und charakterisiert das behandelte Ereignis als *Wunder.* Die beiden Hingerichteten sind noch *junge Knaben,* »Jünglinge«. Ihr standhaftes Verhalten kann nur als Gottes *Wundermacht* begriffen werden. *Wunder* ist aber auch die nicht erwartbare, so *reichliche* Ausstattung so junger Menschen mit Gottes *Gaben.* Luther lässt keinen Zweifel aufkommen, dass im Brüsseler Geschehen Gott selbst am Werk ist, und zwar auf Seiten der beiden Augustiner. So ist er es, dem *Lob und Ehre* gebührt. Seine Hilfe kann für Gelingen und Wirken des *Neuen Liedes* angerufen werden: *das walt Gott, unser Herre.*

Strophe 2 führt die Einleitung fort. Wir erfahren wie auf einer Grabinschrift Namen, (geistlichen) Stand und Todesursache. *Johannes* (Johannes van den Eschen) ist der eine, *so reich an Gottes Hulden,* was schon sein Name besagt; sein Bruder im *Geist* ist *Heinrich* (Henricus Vos), *ein rechter Christ,* der sich nichts *zuschulden* kommen ließ. Ihr Stand nach dem Tod ist, Träger der Märtyrerkrone (Offb 2,10) zu sein. Todesursache: *für sein Wort sind [sie] gestorben.* Gottes *Wort,* die Stellung zu ihm, ist für Luther das entscheidende Kriterium für die Beurteilung der Vorgänge und Personen von Brüssel. Das ist an dieser Stelle programmatisch eingeführt.

Strophen 3 und 4: Festnahme und Verhör. – Wie letztlich Gott der Handelnde hinter den beiden Augustinern ist, so der *alte Feind* hinter den Anklägern. Diese Frontbeschreibung zieht sich durch das ganze Lied. In Luthers heilsgeschichtlich-eschatologischer Sicht seiner Gegenwart ist dem durch Christus besiegten Widersacher auf der Erde Gewalt der Versuchung, sogar des Tötens eingeräumt. Hier ist der *alt böse Feind* mit *groß Macht und viel List* von *Ein feste Burg* (EG 362) nahezu wörtlich vorweggenommen. Sein *Drohen* ist darauf ausgerichtet, die beiden Mönche zur *Verleugnung* von *Gottes Wort* zu bewegen, seine *List,* sie zu *täuben,* sie unschädlich zu machen, wohl im Sinn von: sie zum Schweigen zu bringen. Auf das *Wort* bezogen ist auch die beschimpfende Kennzeichnung der Löwener Universitätstheologen, Luthers schärfste Gegner, als *Sophisten,* Wortverdreher, Spiegelfechter, Beweisjongleure in einem Schau-*Spiel,* in dem sie lockend und drohend, *süß und sauer singen.* Vergeblich ihre *Kunst,* ihr Wissen und Können. *Toren* vor Gottes *Geist* (1Kor 3,19). *Verachtet* von den standhaften Angeklagten, für die ein weiteres Mal ihre Jugend betont wird: *von solchen Jungen, er so groß,* der goliathhafte Gegner. Beschimpfung, Verspottung gehört zur Liedgattung und auch, die Gegensätze möglichst weit auseinanderzutreiben. *Gedacht, sie zu verbrennen.* Das Urteil ist gefällt.

Strophen 5 und 6: *Sie raubten ihnen das Klosterkleid, die Weihe sie ihnen auch nahmen.* Luther nimmt diesen Ritus der Aberkennung und demütigenden Herabsetzung zum Anlass, grundsätzlich zum Mönchtum und Priesterstand Stellung zu beziehen, allerdings in der drastischen Weise des Zeitungsliedes, die ihm aber auch sonst nicht fremd ist. Mönchischer Auftritt in Kleidung und Gehabe (Ge*bärden*) ist nicht nur verhöhnendes (*Spott*), hohles *Larvenspiel* unter der Regie des *Teufels.* Er ist Betrug; er *betrügt* die Menschen, was Heilschancen und Heilsstand vor

Gott anlangt. Darauf kann *fröhlich dankend* verzichtet werden. Die *Gnade* Gottes eröffnet eine neue Möglichkeit. Die *entweihten* Angeklagten sind in das *rechte Priestertum*, das allgemeine Priestertum aller Gläubigen übergetreten (1Petr 2,5–9; Offb 1,6; 5,10); ihr neuer *Opfer*dienst ist ihre Lebenshingabe (Röm 12,1); ihr Stand (*Orden*) ist der aller glaubenden *Christen.* Nicht *heuchlerisch* vorgespielte mönchische Askese ist angesagt, sondern *der Welt ganz abgestorben sein* in der Teilhabe am Tod Christi (Röm 6,3ff; Kol 2,20ff), während in seinem Tod und seiner Auferstehung zugleich *freier*, *reiner* Zugang zum *Himmel* eröffnet ist, so dürfen wir wohl ergänzen. Und das ohne *Möncherei* und wertlosen menschlichen Aufwand (*Tand*).

Strophe 7: Die bündige Anklageschrift (*Brieflein klein*), von den Anklägern verfasst, den Angeklagten vorgelegt, dass sie sie eingeständig öffentlich verlesen. Aus dem *Verzeichnis* der *Irrtümer* hebt Luther gezielt nur einen heraus, den *höchsten*: *Man muss allein Gott glauben.* Von den Menschen ist nur *Lug* und *Trug* zu erwarten. In dieser Formulierung sind die strittigen Fragen um Schrift, Tradition, Lehramt so auf den Punkt gebracht, dass sie, ironisch, zur Gegenanklage werden.

Strophe 8: Die Verbrennung. Luther hat sie so dargestellt, wohl in Anspielung auf die ›Jünglinge im Feuerofen‹ (Dan 3), dass sie als *Wunder*, als *groß Wunder*, vor Augen tritt, *jedermann* damals, den Sängern und Hörern des Zeitungsliedes danach: Verachtung des Leidens, freudige Hingabe, Gotteslob, auf dem Scheiterhaufen angestimmt. *Neue Dinge*, Unerhörtes, das Gott am Werk zeigt und die *Sophisten entmutigt.*

Aktualität in zwei Liedfassungen

An dieser Stelle trennen sich die kürzere Erfurter Fassung des Liedes und die längere Wittenberger. Die Strophen 9 und 10 sind nur in Wittenberg wiedergegeben. Standen sie in Erfurt und dem vorausgehenden Liedblatt nicht zur Verfügung? Noch nicht? Wobei diese kürzere Fassung mit den Strophen 11 und 12 (unserer Zählung) durchaus sinnvoll fortgeführt und wirkungsvoll abgeschlossen ist. Sind die Strophen 9 und 10 nachträglich in Wittenberg eingefügt worden? Widersprüchlich und die Liedeinheit sprengend, wie kritisiert wurde? Denn 11 und 12 reagieren darauf, dass die Inquisition behaupte, die beiden Augustiner hätten vor ihrem Tod widerrufen, während 9 und 10 davon ausgehen, dass die Inquisition den Vorfall nach Möglichkeit vertuschen wollte, allerdings vergeblich. Aber warum sollen nicht beide Taktiken gerüchteweise im Umlauf gewesen sein? Und warum sollte Luther sich nicht genötigt gesehen haben, auf beide zu antworten in einer Liedgattung, die nicht auf künstlerische Einheit, sondern auf Aktualität ausgerichtet ist? Jedenfalls hat das Wittenberger Gesangbuch in allen Auflagen unter Luthers kritischen Augen die zwölfstrophige Fassung verbreitet und tradiert, wie sie auch hier zugrundegelegt ist.

Strophen 9 und 10: Die Taktik des Verbergens. Mit der *Entmutigung* der *Sophisten* nach dem standhaften Märtyrertod der beiden Augustiner hatte Strophe 8 geschlossen. Diese Stimmungslage weitet Luther aus: *Reue* wegen der Verhöhnung (*Schimpf*), die dieser Ausgang über sie gebracht hat, alles andere als ein Grund, sich zu *rühmen, beißende Schande* im *Herzen*, die sie auf die Mitverantwortlichen abladen wollen: sie *klagen's ihr*[*e*]*n Genossen.* Die daraus resultierenden Maßnahmen: den Vorfall als richtig und angemessen (*schön*) erscheinen zu lassen, ihn möglichst im *Verborgenen* zu halten. Vergeblich, denn Gottes *Geist* ist weiter am Werk. In die biblische Parallele gerückt: Das *Blut Abels* klagt *Kain* an (Gen 4,10). Dann Luthers eindringliches Bild von der *Asche* des Scheiterhaufens. Sie lässt sich auf keine Weise beseitigen. Nach der rhetorischen Regel der Explicatio wird anschaulich aufgezählt: Es *hilft kein Bach, Loch, Grub noch Grab.* Vielmehr *stäubt* sie auf, und zwar nicht nur in Brüssel, sondern *in allen Landen*, den Ruf der Gegner vernichtend. Und ebenso eindringlich die rhetorische Formulierung des Fazits als Paradoxon: Was zum endgültigen Schweigen führen sollte, der *Mord*, gerade das ist es, was das Bekenntnis der Märtyrer *an allem Ort*, aus dem Mund *aller* laut werden lässt, auch als *singen*, das sogar *fröhlich* sein kann im Blick auf den Ausgang. Dazu will Luther mit seinem Lied beitragen. – An diesen beiden Strophen lässt sich beispielhaft aufzeigen, mit welcher Sorgfalt bis ins stilistisch-rhetorische Detail Luther sein Zeitungslied gestaltet hat.

Strophe 11: Widerruf? – Das Autodafé lässt sich nicht im Verborgenen halten. Luther weiß *noch* um eine Taktik der Inquisitoren. Sie streuen aus, die jungen Augustiner hätten in Todesnot ihr Bekenntnis widerrufen (*umkehret*). Luther setzt heftig entgegen: *Lügen*, Schönrederei (*schmücken*), *falsch Erdichtetes* aus *Gewissensdruck*, *Lästerung* der *Heiligen Gottes* sogar nach deren Tod!

Schlussstrophe 12: Fazit und Ausblick. Sie: Ihr *Lügen* nützt ihnen nichts (*sie haben's keinen Frommen*). Wir: Wir *sollen Gott danken.* Und zwar dafür, dass *sein Wort ist wiederkommen.* Das vor allem sieht Luther im blutigen Ereignis von Brüssel, im Glauben, im Bekennen, im Martyrium der beiden Augustiner bezeugt. Dass es in der (heils-) geschichtlichen Stunde um *Gottes Wort* geht, ist eingangs angesagt (2,8), war Maßstab durch das Lied hindurch und steht als Fazit am Ende. In dieser Sicht wird der *Mord* von Brüssel zum Anlass und Grund vertrauensvoller Hoffnung, schon im »Brief« an die niederländischen Christen wie dann im Lied: *Der das hat angefangen,/ der wird es wohl vollenden.* In beiden Publikationen kleidet Luther diese Erwartung in das Bild des verlässlichen jahreszeitlichen Naturverlaufs. Im »Brief« hört er *die Stimme der Turteltaube* und sieht die *Blumen aufgehen* (Hld 2,12). Das Lied folgert: *Der Sommer ist hart* (ganz nahe) *vor der Tür,/ der Winter ist vergangen,/ die zarten Blumen gehn herfür* (hervor).

Luther hat sich der Gattung Zeitungslied »bewußt, allerdings auch mit glänzendem Geschick« bedient, wie schon früh bestätigt worden ist (W. Lucke); dieses »Geschick« hat sogar bezweifeln lassen, dass unser Lied sein erstes sein könne (Ph. Spitta). Auf rhetorisch-stilistische Details ist am Beispiel der Strophen 9 und 10 verwiesen. Sie sind da wie in allen Strophen innerhalb eines unkomplizierten, verständlichen Satzbaus dargeboten. Luther hat die Vorgaben und Wirkungsmöglichkeiten eines Zeitungsliedes (s.o.) voll genutzt. Das Brüsseler Geschehen ist in den entscheidenden Stationen vor Augen und Ohren gebracht, und es ist sicher beabsichtigt und wird vom »Brief« bestätigt, dass hinter ihnen die Passion Jesu aufscheint, wenn Luther auswählt: Festnahme, Verhör, falsche Zeugen, Hinrichtung, Ausdeutung des Todes und Verbreitung als hoffnungsvolle »frohe Botschaft«. Die Charakterisierung der Parteien, ihrer Motive und Handlungsweise ist ins extrem Gegensätzliche getrieben: den *frommen Gotteskindern,* den *Heiligen Gottes* stehen die *Sophisten* gegenüber, und hinter ihnen sind letztlich *Gott* und der *alte Feind* am Werk auf dem jetzigen (heils-) geschichtlichen Kampfplatz. Entsprechend sind Anklage und Spott, Lob und Dank verteilt, entsprechend ist auch die Lenkung der Parteinahme. Durchgehender Maßstab für die Beurteilung der Situation ist *Gottes Wort.* Die Strophenform ist einfacher, als sie auf den ersten Blick erscheint. Zwei schlichte Vierzeiler, *abab* gereimt, sind zu einem Achtzeiler addiert, der Raum für den fortlaufenden gegliederten Bericht und seine Kommentierung bietet, wobei Luther je zwei Strophen noch einmal zu einer größeren Sinneinheit zusammenfasst. Eine reimlose, abgehobene, betonte neunte Verszeile dient dazu, bündig ein Fazit zu formulieren wie: *Des mussten sie verbrennen* (7,9); *Da sich Gott ließ so merken* (8,9); *der wird es wohl vollenden* (12,9). Metrischer Akzent und Wortbetonung fallen ohne Störung durchwegs zusammen, genauer beachtet als sonst im Zeitungslied.

Eine proklamatorische Melodie[2]

Die Melodie von *Ein neues Lied wir heben an* hat wie die von *Nun freut euch lieben Christen g'mein* (EG 341) etwas proklamatorisch Berichtendes. Zudem hat sie eine große strukturelle Ähnlichkeit mit der Melodie des jüngeren Liedes *Ein feste Burg ist unser Gott* (EG 362). Die Initialwendungen beider Melodien sind sogar identisch. Auch der Grobverlauf der Stollenteile ist ähnlich (Beginn mit dem Grundton in der Oktave, Zielton ist der untere Grundton). Allerdings ist die Struktur der Melo-

2 Der Abschnitt zur Melodie stammt von Gunter Kennel.

die noch stärker als die des jüngeren Liedes auf die Dreiklangstöne als Ausgangs- und Endpunkte der einzelnen Melodieabschnitte bezogen. Die immer wiederkehrenden Tonwiederholungen, vor allem die auf der Terz in der ersten Zeile des Abgesangs, also in der fünften Zeile der Gesamtstrophe, wirken wie eine Imitation einer Psalmtonrezitation. Diese Zeile wird, um eine Terz nach oben transponiert, in der dritten Abgesangszeile, also der siebenten Zeile der Gesamtstrophe, wiederholt. Auch die zweite und vierte Zeile des Abgesangs, mithin die sechste und achte Zeile der Gesamtstrophe, sind verlaufsidentisch, diesmal allerdings im Quintabstand und mit stärkeren linearen Anteilen, die synkopisch variiert werden. Die Schlusszeile verbindet in verkleinerter Gestalt die Tonwiederholungen der Initiale in beschleunigter Form mit einem Anstieg zum Ausgangspunkt der Melodie, dem Grundton in der Oktav.

Gerhard Hahn

Ausgaben

WA 35, 411–415; 487f. (Nr. 1)
WA.A 4, 217–222 (Nr. 18)
Heidrich-Schilling, 72–77 (Nr. 18)

Nun freut euch, lieben Christen g'mein (EG 341)

2. Dem Teufel ich gefangen lag,
im Tod war ich verloren,
mein Sünd mich quälte Nacht und Tag,
darin ich war geboren.
Ich fiel auch immer tiefer drein,
es war kein Guts am Leben mein,
die Sünd hatt' mich besessen.

3. Mein guten Werk, die galten nicht,
es war mit ihn' verdorben;
der frei Will hasste Gotts Gericht,
er war zum Gutn erstorben;
die Angst mich zu verzweifeln trieb,
dass nichts denn Sterben bei mir blieb,
zur Höllen musst ich sinken.

4. Da jammert Gott in Ewigkeit
mein Elend übermaßen;
er dacht an sein Barmherzigkeit,
er wollt mir helfen lassen;
er wandt zu mir das Vaterherz,
es war bei ihm fürwahr kein Scherz,
er ließ's sein Bestes kosten.

5. Er sprach zu seinem lieben Sohn:
»Die Zeit ist hier zu erbarmen;
fahr hin, meins Herzens werte Kron,
und sei das Heil dem Armen
und hilf ihm aus der Sünden Not,
erwürg für ihn den bittern Tod
und lass ihn mit dir leben.«

6. Der Sohn dem Vater g'horsam ward,
er kam zu mir auf Erden
von einer Jungfrau rein und zart;
er sollt mein Bruder werden.
Gar heimlich führt er sein Gewalt,
er ging in meiner armen G'stalt,
den Teufel wollt er fangen.

7. Er sprach zu mir: »Halt dich an mich,
es soll dir jetzt gelingen;
ich geb mich selber ganz für dich,
da will ich für dich ringen;
denn ich bin dein und du bist mein,
und wo ich bleib, da sollst du sein,
uns soll der Feind nicht scheiden.

8. Vergießen wird er mir mein Blut,
dazu mein Leben rauben;
das leid ich alles dir zugut,
das halt mit festem Glauben.
Den Tod verschlingt das Leben mein,
mein Unschuld trägt die Sünde dein,
da bist du selig worden.

9. Gen Himmel zu dem Vater mein
fahr ich von diesem Leben;
da will ich sein der Meister dein,
den Geist will ich dir geben,
der dich in Trübnis trösten soll
und lehren mich erkennen wohl
und in der Wahrheit leiten.

10. Was ich getan hab und gelehrt,
das sollst du tun und lehren,
damit das Reich Gotts werd gemehrt
zu Lob und seinen Ehren;
und hüt dich vor der Menschen Satz,
davon verdirbt der edle Schatz:
Das lass ich dir zur Letze.«

Ein geistliches Zeitungslied

Als im Juli 1523 zwei lutherisch gesinnte Augustiner in Brüssel auf dem Scheiterhaufen verbrannt werden, greift Luther in den heftigen Streit um das Geschehen mit einem Neuen Lied, einem Zeitungslied ein: *Ein neues Lied wir heben an.* Diese Gattung gereimter, gesungener Publizistik ist auf die Meldung von Unerhörtem, Unerwartetem, Wunderbarem, Sensationellem ausgerichtet. Erfahrung und Erfolg mit seinem »Märtyrerlied« mag Luther bewogen haben, das sensationellste Ereignis der Heils- und Weltgeschichte als Zeitungslied auszurufen: Gott sendet seinen eigenen Sohn zur Rettung der Menschheit in einer dramatischen Aktion, in der es um Leben und Tod geht. Schon 1522, in der Vorrede zu seiner Übersetzung des Neuen Testaments, hatte Luther sich der Begriffe zeitgenössischer Publizistik bedient, um zu erklären, was »Evangelium« bedeutet: »Denn Euangelion ist ein griechisch Wort und heißt auf deutsch gute Botschaft, gute Mär, gute Neuzeitung, gut Geschrei, davon man singet, saget und fröhlich ist.« Eingewirkt hat sicher auch der biblische Begriff eines »Neuen Liedes« (Ps 96,1 u.ö.), das auf Gottes »Heil« als auf ein »Wunder« antwortet. Aus diesem Wurzelwerk erwächst 1523 Luthers Lied *Nun freut euch, lieben Christen g'mein*, das umfassende »Reformationslied«, Luthers »Evangeliumslied« nicht nur nach seinem Inhalt, sondern auch nach seiner Darbietungsweise als geistliches Zeitungslied.

Erstveröffentlichung als Liedblatt kann vorausgesetzt werden. Es erscheint (s. Einleitung) 1524 im Augsburger »Achtliederblatt« als »Ein christenlichs Lied Doctoris Martini Luthers, die unaussprechliche Gnaden Gottes und des rechten Glaubens begreifend«. Es ist in den Erfurter Enchiridien und in der Wittenberger Tradition ab 1524 enthalten, bei

Klug bis 1535 unter dem Titel: *Ein fein geistlich Lied, wie der Sünder zur Gnade kommt.*

Strophe 1 kündet das Thema entsprechend der gewählten Liedgattung als ein Ereignis an (*was Gott an uns gewendet hat*), einzustufen als eine *Wundertat* der Liebe (*süß*). Für uns *nun*, für unsere Einstellung zum Geschehenen bedeutet es: *Nun freut euch*! Wir empfangen die frohe Botschaft davon und tragen sie weiter mit *springen* (tanzen) und *singen, fröhlich, mit Lust und Liebe.* Das gilt für alle *Christen g'mein, all in ein.* Damit wird das Ich der folgenden Strophen als ein Ich bestimmt, dem alle zum Glauben Kommenden beitreten können. Luthers Erfurter und Wittenberger Glaubenserfahrungen werden in ein Modell des Heilsempfangs überführt: wie der Sünder zur Gnade kommt.

Ein Lied zum Römerbrief

Der Handlungsbericht schildert in den Strophen 2 und 3 die ausweglose Lage des Menschen, in den Strophen 4 und 5 Gottes Heilsratschluss und die Beauftragung des Sohnes; Mensch geworden, Strophe 6, kündigt der Sohn, Strophen 7 bis 9, die Stationen seines Rettungsweges an.

Strophe 2 zeigt das Ich hilf- und hoffnungslos ausgeliefert an die Trias der Unheilsmächte *Teufel, Tod, Sünde,* die Luther immer wieder in ihrem Bedingungszusammenhang beschworen hat. *Ich gläube, dass Jesus Christus ... mich verlornen und verdampten Menschen erlöset hat ... von allen Sunden, vom Tode und der Gewalt des Teufels,* lehrt der Kleine Katechismus. Die *Sünde*, Grund und Auslöser allen Unheils, wird noch genauer bestimmt als Erbsünde (*darin geboren*) und fortschreitende persönliche Versündigung (*immer tiefer drein*). Am Strophenende muss resümiert werden: *kein Guts am Leben mein, besessen*, das heißt unentrinnbar unter der Besatzungsmacht der *Sünde.* Die theologischen Begriffe (*Teufel, Tod, Sünde*) eröffnen die Sätze und Verse und geben dem Verständnis hilfreich die gedankliche Gliederung vor. Die Bilder (*gefangen lag, verloren, quälte, fiel immer tiefer drein*) sind den Verben anvertraut und meist wirkungsvoll in den Versausgang gerückt. Sie reißen Vorstellungen von Gefangensein und Folter auf und unterlegen emotional die ausweglose Verlorenheit des Ich gegenüber den personifizierten Unheilsmächten.

Strophe 3: Noch nicht genug an theologischer Genauigkeit auch im Zeitungslied. Luther widmet eine ganze weitere Strophe den Möglichkeiten des Menschen, an seinem Heil mitzuwirken, wie sie zu seiner Zeit diskutiert wurden, mit den Theologen Roms, mit den Humanisten. Er erteilt ihnen eine Absage. – Die Strophe bietet ein Musterbeispiel dafür, wie gezielt Luther die siebenzeilige, bauende Strophe aus erstem Stollen (Verse 1.2), identischem zweiten Stollen (Verse 3.4), abweichendem

Abgesang (Verse 5–7) mit abgehobenem reimlosen Schlussvers für eine klare inhaltliche Gliederung und Steigerung genutzt hat. – Erster Stollen, Absage an die *guten Werke*: Sie sind *verdorben* wie der Mensch selbst; der schlechte Baum trägt keine guten Früchte (Mt 7,17f.). Zweiter Stollen, Absage auch an den angeblich *freien Willen*: Er ist *erstorben*, tot, ohne Entscheidungsfreiheit für das *Gute*, das vor Gott gilt. Luther 1545 zurückblickend: »ich ... liebte nicht, nein hasste den gerechten und die Sünde strafenden Gott.« Wieder lösen Verben am Versausgang bildliche Vorstellungen und Affekte aus (*verdorben, erstorben, trieb, sinken*). Nun kann endgültig, im Abgesang, resümiert werden, was bleibt: verzweifelnde *Angst*, unausweichlicher Tod (*sterben*), im Schlussvers: verschlingende *Hölle*. Dass Luther für sein ganzes Lied der ganze Römerbrief (bes. Kap. 3; 7[24f.]; 8) vor Augen stand, ist von allen Interpreten vermerkt worden.

Gottes Heilswille

Da leitet den nächsten Handlungsschritt ein. Dieses *Da* ist nicht zeitlich zu verstehen, sondern als »angesichts dessen«, was durch das zeitenthobene *in Ewigkeit* sogleich bestätigt wird. Luther lässt die heilsgeschichtliche Wende nicht mit der Geburt Jesu beginnen; dessen vertraute Lebensstationen werden erst in den Strophen 6 bis 9 vorgeführt. Luther greift in den Strophen 4 und 5 das biblisch präfigurierte, im Mittelalter besonders entfaltete Motiv vom vorzeitlichen »Heilsratschluss« Gottes auf. In einer maßgebenden Predigt Bernhards von Clairvaux über Psalm 85,10f. (Vulgata 84,10f.) fordern Wahrheit und Gerechtigkeit den Tod des sündigen Menschen, Barmherzigkeit und Friede plädieren für Gnade. Gottes Sohn entscheidet salomonisch, das Heil müsse aus dem Tod hervorgehen, und er erfüllt diesen Spruch selbst durch seinen stellvertretenden Tod und seine Auferstehung. In der »Erlösung«, einer deutschen Fassung, geht der Gerichtsverhandlung ein Gespräch zwischen Gott Vater und Sohn voraus. Darauf hat Luther sich beschränkt. Der »Heilsratschluss« fügt sich gut in seine Darstellung als Ereignismeldung und ist geeignet, an Strophe 3 angeschlossen, mit reformatorischem Akzent zu betonen, dass das Heilsgeschehen von allem Anfang an nicht menschlichem Wollen und menschlicher Anstrengung, sondern allein Gottes gnädigem Willen entspringt.

Strophe 4: Es ist *Barmherzigkeit*, die Gott *übermaßen* bewegt, und diese kommt, ohne Rechtsstreit und Entscheidungsnot, sogleich und direkt aus Gottes *Vaterherzen*, wenn er nun die Hilfs- und Rettungsaktion einleitet. Nicht Versöhnung ist das Thema dieses geistlichen Zeitungsliedes, sondern Erlösung, Befreiung aus der Gewalt der Unheilsmächte. Der Preis wird wie in 1,7 noch einmal betont: *fürwahr kein Scherz* (Spielerei), *er ließ's sein Bestes kosten.*

Strophe 5: Dieses *Beste* ist sein *lieber Sohn*, in der Liebesliedsprache der Zeit vermittelt: *meins Herzens werte Kron*; daraus wohl auch das Abschiedswort *fahr hin!* Der Auftrag ist stichwortartig, aber wieder umfassend (vgl. Str. 2) ausgestellt: Es geht um das *Heil dem Armen*, um *Sünde, Tod* und *Leben*. Das wird emotional nahegebracht (*Not, erwürg, bitter*).

Strophe 6: Der Schauplatz wechselt, vom Himmel *auf Erden*, der Gottessohn wird *g'horsam* Mensch. Wahrer Mensch: geboren *von einer Jungfrau rein und zart*. Mensch um meinetwillen, für mich: *er kam zu mir*, als *mein Bruder*. Menschwerdung (*in meiner armen G'stalt*) auch als Verkleidungslist: *den Teufel wollt er fangen*. Diese frühe Vorstellung des Erlösungsgeschehens passt in ein spannendes Erzähllied. Die »Hauspostille« wird 1544 erklären: »Denn obwohl der Herr Christus sich schwach stellet und tut nicht anders, denn als müsste er gar zu Boden und dem Teufel weichen, dennoch in solcher Schwachheit ist ein unüberwindliche Gewalt verborgen. Das sah der Teufel nicht und verlieret all sein Macht darob.«

Christus spricht: Ich für dich

Strophe 7: Das Geschehen steht fortan im Zeichen des Gelingens: *es soll dir jetzt gelingen*. Wie? Indem der Sohn *selber* und *ganz* an meine Stelle tritt, meine verlorene Sache (Str. 2–3) in die Hand nimmt, für mich *ringt*; der Part, der mir bleibt, ist, mich an ihn zu *halten*. Was Luther an anderer Stelle als »seligen«, »fröhlichen« »Wechsel« und »Tausch« beschreibt, den der Sündelose heilbringend dem Sünder anbietet, ist mit vergleichbarer Eindringlichkeit in dieser Strophe dargestellt. Die ständige Verflechtung der Pronomina *ich* und *du* (*dich an mich, ich mich selber ganz für dich, ich für dich*) gipfelt im Abgesang. Luther zitiert den Eingang eines alten deutschen Liebesliedes, angereichert durch Ruth 1,16f. Diese Sätze stellen für ihn eine verbindliche Verlobungsformel, ein Eheversprechen dar: *denn ich bin dein und du bist mein,/ und wo ich bleib, da sollst du sein,/ uns soll der Feind nicht scheiden* – im letzten, resümierenden Vers sind *ich* und *du* zu einem untrennbaren *uns* geworden.

Alles, was Strophe 7 enthält, ist Rede Christi: *Er sprach zu mir*, und diese Rede hält an bis zum Ende des Liedes. Das bedeutet, dass Tod, Auferstehung, Himmelfahrt, Geistsendung dargeboten werden als ein »Ich werde es für dich tun«. Hat Luther damit nicht darstellerische und auch theologische Wirkung verspielt? Darstellerische Wirkung, indem das spannende Ereignislied in eine überlange Ansprache mündet? Theologische Wirkung, indem ein starkes perfektives »Es ist vollbracht« durch ein blässliches futurisches »Ich werde vollbringen« ersetzt ist? Die Gegenrechnung: Nicht nur die spannende Handlung, sondern auch ihre Deutung, ausgerufen, verkündigt, gehört zur Gattung Zeitungslied. Die Deutung, das »Ich für dich«, ist dem Sohn Gottes in den Mund gelegt.

Sie hat höchste Autorität und wird zum verbindlichen Zuspruch. Die Rolle des »Wortes« in der Heilsvermittlung ist betont. Dem Handeln vorausgestellt, wird das »Ich für dich« eindeutig und eindringlich als Motiv des Handelns von allem Anfang an bestimmt. Es ist dieses Motiv, das die folgenden Strophen Aussage um Aussage, Satz für Satz prägt.

Strophe 8: Der Tod Christi: *das leid ich alles dir zu gut.* Die Auferstehung: *mein Unschuld trägt die Sünde dein.* Es ist sicher kein Versehen Luthers, dass bei dieser zentralen Stelle des Heilsgeschehens das Futur durch ein Perfekt unterbrochen wird: *da bist du selig worden.* Der *feste Glaube* kann sich als Heilsgewissheit äußern. Das Geschehen ist theologisch konsequent und literarisch gattungsgemäß als Kampf fortgeführt, als Kampf mit dem Widersacher, als Kampf auf Leben und Tod, als *Blut vergießen, Leben rauben,* mit paradoxem Ausgang, drastisch formuliert: *Den Tod verschlingt das Leben mein.*

Strophe 9: Auch Himmelfahrt, die Rückkehr zum Vater, ist Geschehen »für mich«: dauerndes *Meister*sein Christi als meine Lehrautorität und mein machtvoller Beistand. Das wird pfingstlich konkret, wenn er »mir« seinen Geist senden wird, »meinen« Helfer und Tröster in äußerer und innerer Not, »meinen« Lehrer in der Erkenntnis Christi und Leiter in die ganze Wahrheit (Joh 14,26; 16,13).

Strophe 10: Die Schlussstrophe der Rede Christi und des ganzen Liedes formuliert Auftrag und Warnung »an mich«. Der Auftrag umfasst die Lebensführung (*tun*) und ausdrücklich auch die Lehre (Mt 28,20), und beides ist, in genauer stilistischer Parallele (*Was ich – das du ...*) zurückgebunden an Christi Leben und Lehren, als Nach-Folge bestimmt. Luther fällt an dieser Stelle noch einmal ins Perfekt: *was ich getan, gelehrt habe.* Soll die Nachfolge, wie schon der Heilsgewinn (Str. 8), Nachdruck und Ermutigung erfahren, indem sie in die Perspektive des schon vollendeten Werkes Christi gerückt wird? Der Auftrag zur Nachfolge hat, auf die Menschen gerichtet, die Ausbreitung des *Reiches,* und darin, auf Gott gerichtet, *Lob* und *Ehre* zum Ziel. – Enger zeitbezogen ist die Warnung formuliert. Sie gilt dem »Wort«, das als *edler Schatz* im ganzen Lied, insbesondere aus Christi Mund, gegenwärtig war. Die Warnung zielt auf verfälschenden menschlichen Eingriff, der Autorität für Lehre und Leben beansprucht (*Satz* als Satzung). Was in dieser Strophe *zu Letze* gesagt ist, ist »Abschiedsgeschenk«, Vermächtnis, hat das Gewicht »letzter Worte«.

Ein melodisches Sinnbild für fröhliches Springen[3]

Die Melodie, die dem Lied im ersten greifbaren Druck, dem »Achtliederblatt«, beigegeben, ist, stammt aller Wahrscheinlichkeit nach in die-

3 Der Abschnitt zur Melodie stammt von Gunter Kennel.

ser Form von Martin Luther. Luther hat sie aber kaum völlig neu geschaffen. Vielmehr lassen sich Analogien und Vorbilder benennen. Allerdings lässt sich keine der als Vorbilder in Frage kommenden Melodien als direkte Vorlage für Luthers Melodiegestalt identifizieren. Luther scheint also bewusst oder unbewusst aus einem Fundus von ähnlich gebauten Melodien geschöpft zu haben, aus dem er Elemente einzelner Melodien in neuer Weise zusammenfügt.

Die vielen Quartsprünge auf- und abwärts wirken wie Heroldssignale, die Aufmerksamkeit wecken wollen. Gleichzeitig sind diese Quarten in Verbindungen mit anderen Intervallsprüngen und dem stets auftaktigen Beginn der Melodiezeilen ein melodisches Sinnbild für das fröhliche Springen, von dem der Text der ersten Strophe spricht. Als Gegengewicht zur Bewegungsintensität der Melodie fungiert die Tatsache, dass sechs von sieben Melodiezeilen auf dem Grundton enden. Nur die fünfte Zeile, die dem Beginn des Abgesangs entspricht, wird dramaturgisch gesteigert, indem sie mit neuem, vorgeschaltetem Leitton auf der Quinte endet und dadurch ihre unmittelbare Fortsetzung in der Folgezeile anstrebt. Textlich korrespondiert dies mit den beiden Paarreim-Zeilen im Abgesang in allen Strophen. Die durch den Paarreim bedingte enge sprachliche Zusammengehörigkeit wird somit auch musikalisch unterstrichen.

Zeitungslieder befriedigen Neugier, aber auch elementaren Orientierungsbedarf in einer für viele Menschen informationsarmen Zeit. Sie sind besonders in Umbruchzeiten gefragt. Die reformatorische Bewegung ist 1523 noch auf der Suche nach einem eigenen Gottesdienst, der regelmäßig orientierende Mitte sein könnte. Sie stellt sich für viele und in mancher Hinsicht als verwirrend dar, der Ausgang ungewiss. In diese Situation hinein singt Luther ein geistliches Zeitungslied. Es entfaltet mit den Mitteln der Gattung den neu herausgestellten, unabdingbaren Kern christlicher Lehre, die frohe Botschaft vom »Wunder« der Rettungstat Gottes durch seinen Sohn. Es spricht so gezielt in seine Zeit, dass es heute ohne Erklärung kaum verständig gesungen werden kann.

Gerhard Hahn

Ausgaben

WA 35, 422–425; 493–495 (Nr. 5)
WA.A 4, 154–159 (Nr. 2)
Heidrich-Schilling, 15–19 (Nr. 2)

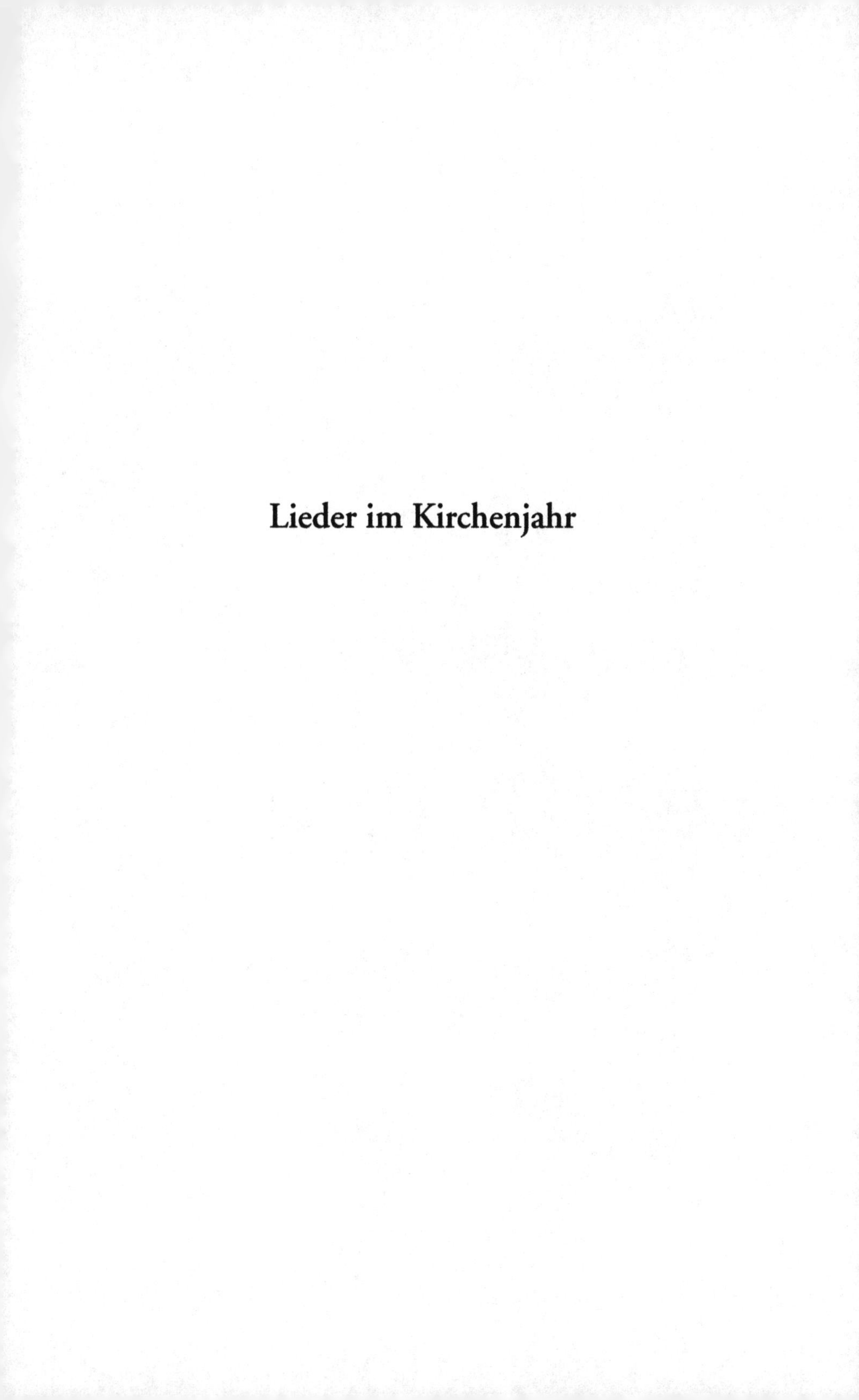

Lieder im Kirchenjahr

Nun komm, der Heiden Heiland (EG 4)

2. Er ging aus der Kammer sein,
dem königlichen Saal so rein,
Gott von Art und Mensch, ein Held;
sein' Weg er zu laufen eilt.

3. Sein Lauf kam vom Vater her
und kehrt wieder zum Vater,
fuhr hinunter zu der Höll
und wieder zu Gottes Stuhl.

4. Dein Krippen glänzt hell und klar,
die Nacht gibt ein neu Licht dar.
Dunkel muss nicht kommen drein,
der Glaub bleib immer im Schein.

5. Lob sei Gott dem Vater g'tan;
Lob sei Gott seim ein'gen Sohn,
Lob sei Gott dem Heilgen Geist
immer und in Ewigkeit.

Erkennungszeichen für die Adventszeit

Die einprägsame erste Zeile mit den beiden gleichlautenden Wortanfängen, die charakteristische Melodie, dazu die Autorität des Textautors haben das Lied über Jahrhunderte hinweg zum Adventslied schlechthin werden lassen. In nicht wenigen lutherischen Gesangbüchern steht es an erster Stelle, beginnend beim Klugschen Gesangbuch (*1529) 1533 und beim Babstschen Gesangbuch 1545 bis hin zum Evangelischen Kirchengesangbuch von 1950 – diese Gesangbücher beginnen mit den Liedern zum Kirchenjahr, angefangen beim Advent und dort mit Luthers Klassiker. Manchmal eröffnet das Lied zwar nicht das ganze Gesangbuch, aber doch die Lieder zum Kirchenjahr, so im (reformierten!) Düsseldorfer Gesangbuch von 1612 oder in der berühmten »Praxis Pietatis Melica« von Johann Crüger. Offenbar gehörte es ganz einfach dazu, war eine Art Erkennungszeichen für die Adventszeit, steht in fast allen Liederordnungen beim 1. Adventssonntag und erfuhr eine große Zahl von Orgel- und Chorbearbeitungen, darunter die drei großen Orgelchoräle Bachs in der »Leipziger Handschrift« und seine Choralkantaten.

An dem komplizierten und sperrigen Text kann diese breite Rezeption nicht liegen, einen wesentlich größeren Anteil dürfte die Melodie in ihrer engen Verbindung zur ersten Strophe haben. Darum beschäftigen wir uns vorab mit ihr. Dazu sei angemerkt, dass ohnehin bei vielen Liedern die Melodie das wirkungsmächtigere Element ist: Sie wird direkter und schneller wahrgenommen als der Text; sie prägt die emotionale Dimension eines Liedes, und diese ist stärker und nachhaltiger als die rationale, die über den Text wahrgenommen wird, selbst wenn ein guter, poetisch gestalteter Text natürlich auch auf der emotionalen Ebene wirkt.

Eine Melodie wird übersetzt

Die Melodie von Zeile 1 besteht im lateinischen Hymnus aus den Tönen *g-g-g-f-g-b-a-g* (in der Transposition analog der EG-Melodie). Abgesehen von der Reduktion aller Zeilen von acht auf sieben Silben fällt hier die Umstellung des Spitzentones auf, der um eine Stelle früher eintritt und jetzt über einen Quartsprung erreicht wird. Der rezitierende Charakter ist damit zugunsten einer intensiveren melodischen Bewegung verlassen. Es lässt sich zudem vermuten, dass Luther den Spitzenton der lateinischen Fassung (im Melodieverständnis seiner Zeit) als Betonung des Wortes *gen-tium* verstanden hat. In seiner Fassung trifft nun die betonte Stammsilbe von *Hei-den* wiederum auf diesen höchsten Ton, so dass gewissermaßen die Melodie aus dem Lateinischen ins Deutsche mit übersetzt worden ist. Diese Betonung funktioniert aber nur, weil Luther hier den Textakzent gegen den eigentlich trochäischen Versakzent setzt.

Zeile 2 führt mit der Punktierung ein musikalisches Mittel ein, das dem Melodietypus der Vorlage völlig fremd war – ein weiteres Anzeichen für den Gattungswechsel hin zur neuzeitlichen Liedmelodie. Diese Punktierung erzeugt eine starke Betonung, und zwar fällt diese auf das Wort *Jungfrauen*, dessen lateinische Entsprechung *virginis* am Ende der Zeile auf den Spitzentönen gelegen hatte. Luthers Melodie erreicht diesen Spitzenton nur auf unbetonter Silbe (*er-kannt*) und verlässt ihn zum Ende der Zeile wieder. Damit wird er für den eigentlichen melodischen Höhepunkt in Zeile 3 aufgespart, wo er anders als in der Vorlage im Aufstieg erreicht wird und dadurch eine starke Akzentwirkung erhält. Dass sich *alle Welt … wundern* soll, wird auf diese Weise mit einem rhetorischen Gestus hervorgehoben. Und auch hier entsprechen sich in der ersten Strophe die auf den höchsten Tönen liegenden Wörter der lateinischen und der deutschen Fassung.

Am größten ist die Änderung der vierten Zeile. Sie orientiert sich nur noch ganz locker an der Vorlage, wiederholt dafür tongenau die erste Zeile. Das gibt der Melodie große Geschlossenheit und innere Plausibilität. Es geht aber nicht nur um eine abstrakte musikalische Architektur, sondern auch hier wieder um einen geradezu deklamatorischen Sprachbezug: Wie in der ersten Zeile entspricht der durch den Quartsprung erzeugten Betonung wieder eine wortbezogene Betonung auf *Ge-burt*.

Martin Luther hat die Melodie von *Veni redemptor gentium* später noch zweimal verwendet, beide Male für Lieder, die in bedrohlicher äußerer Situation entstanden sind: unverändert für *Verleih uns Frieden gnädiglich* und in charakteristischer Weise überarbeitet und modernisiert für *Erhalt uns, Herr, bei deinem Wort*. In der kriegerischen Bedrohung durch die Völker wird der »Heiland der Völker« assoziativ über die zitierte Melodie angerufen.

Formal fällt auf, dass die Verteilung der Akzente innerhalb der Textzeilen sehr unregelmäßig ist; das theoretisch vorliegende trochäische Metrum ist häufig nicht realisiert, konsequent nur in der 7., der doxologischen Strophe, die zum ursprünglichen Textbestand hinzukam. Die Unregelmäßigkeit der Betonungen bildet kein geringes Hindernis für das Singen, doch ist immerhin zu beobachten, dass Luthers Melodiegestaltung durchaus unterschiedliche Platzierungen des Textakzents zulässt. Man vergleiche etwa in der ersten Strophe die erste mit der tongleichen vierten Zeile: Beide Textzeilen verbinden sich auf plausible Art mit den Tönen.

Luther mischt das silbenzählende und das akzentuierende metrische Prinzip. Offensichtlich hat er diese Art der freien metrischen Gestaltung vor allem dann angewendet, wenn er lateinische Vorlagen hatte oder auf Melodien dichtete, die aus der gregorianischen Tradition stammten oder durch diese geprägt waren. In seinen frei gedichteten Liedern hält er dagegen das alternierende Prinzip von regelmäßig wechselnden betonten und unbetonten Silben, die der natürlichen Wortbetonung entsprechen, grundsätzlich durch (wie z.B. in *Nun freut euch, lieben Christen g'mein*, EG 341), gemäß den meistersingerlichen Dichtungsregeln.

Vom Hymnus zum Lied

Der Text ist die Übertragung des Weihnachtshymnus *Intende qui regis Israel* (»Merk auf, der du Israel leitest«), der mit großer Wahrscheinlichkeit von Ambrosius von Mailand (um 339–397) stammt, und zwar beginnend mit der zweiten Strophe, *Veni redemptor gentium* (»Komm, Heiland der Völker«). Die ursprüngliche erste Strophe fehlt schon in vielen lateinischen Quellen; vermutlich hat man sie wegen ihres aus späterer Sicht irregulären Metrums mit zwei kurzen Silben »regis« in der dritten Senkung weggelassen, zumal der Anruf *Veni* in Analogie zum *Veni creator spiritus* einen guten Liedanfang ergibt.

Die Gedankenwelt des Hymnus spiegelt in aller Deutlichkeit die theologischen Auseinandersetzungen des 4. Jahrhunderts. Heftig diskutiert wurde damals über die göttliche und die menschliche Natur Christi, ihr Verhältnis zueinander und das Verhältnis der Personen der göttlichen Trinität untereinander. Gegenüber der Meinung des Arius, der Christus als oberstes Geschöpf betrachtete, setzte sich die »orthodoxe« Auffassung von der vollen Göttlichkeit Christi durch (das *vere deus* / »wahrer Gott« im Glaubensbekenntnis), und Ambrosius hat in seinen Hymnen diese Aussagen mehrfach und deutlich zum Ausdruck gebracht. Fast gleichzeitig entstanden auch das »Apostolische« Glaubensbekenntnis und das Glaubensbekenntnis von Nicäa-Konstantinopel, das mit einer langen Reihe von Aussagen diese Göttlichkeit unterstreicht. Im Hymnus ist es vor allem die wunderbare Geburt aus der Jungfrau Maria, die als Zeichen dafür besonders betont wird und die Luther in seiner Fassung durch die Melodiegestaltung der zweiten Zeile schon in der ersten Strophe hervorgehoben hat.

Wie schon im EKG sind im EG die Strophen 2 und 3 ausgelassen:

2. Nicht von Mans blut noch von fleisch/
allein von dem heyligen geyst/
Jst Gottes wort worden eyn mensch/
und bluet eyn frucht weibs fleisch.

3. Der yungfraw leib schwanger ward/
doch bleib keuscheyt rein beward.
Leucht erfur manch tugend schon/
Gott da war yn seinem thron.

Ausführlich nachformuliert sind hier die Sätze aus dem Nicänischen Glaubensbekenntnis: »hat Fleisch angenommen durch den Heiligen Geist von der Jungfrau Maria«. Sie dienen der Verdeutlichung des Bekenntnisses, dass Christus Gott ist, nicht lediglich höchstes Geschöpf, sind also Aussagen über Christus. Entsprechend wird in der ostkirchlichen Liturgie Maria als »Gottesgebärerin« (*theotokos*) bezeichnet, ebenfalls als Aussage über Christus. Allerdings hat sich in der Geschichte der Fokus mehr oder weniger auf Maria verschoben; ihre immerwährende Jungfräulichkeit wurde zum eigenen Glaubenssatz, von dem in dieser Ausführlichkeit in den Bekenntnistexten noch nicht die Rede ist.

In die Rede von der Menschwerdung ist in der ursprünglichen 2. Strophe eine Anspielung an den Prolog des Johannesevangeliums – »das Wort ward Fleisch« – eingebracht.

In Strophe 2 der EG-Fassung (der originalen 4. Strophe) ist mit *Gott von Art* das »wesensgleich« (griech. *homoousios*, lat. *consubstantialis*) des Nicänischen Bekenntnisses direkt zitiert. Christus ist dadurch mit Gott auf eine Stufe gestellt. In dieser und in der folgenden Strophe wird der Christushymnus aus dem 2. Kapitel des Philipperbriefes herangezogen, der den Abstieg des Gottessohnes auf die Erde, in den Tod am Kreuz und seine Erhöhung zur Herrschaft auf *Gottes Stuhl* besingt. Aus dem Apostolischen Glaubensbekenntnis stammt die Erwähnung des Abstieges Christi in die Unterwelt.

Die Gottgleichheit Christi kommt in der ebenfalls im EG ausgelassenen originalen 6. Strophe nochmals zur Sprache:

> *6. Der du bist dem vater gleich/*
> *fur hynnaus den syeg im fleisch/*
> *das dein ewig gots gewalt/*
> *ynn unns das kranck fleisch enthallt.*

Um dies zu verstehen, müsste man die ganze paulinische »Fleisch«-Argumentation (Röm 8,2–10) hinzuziehen, dazu am besten auch noch die lateinische Vorlage des ambrosianischen Hymnus, und so ist es nicht verwunderlich, dass die Strophe im EG fehlt.

Die originale siebente Strophe, die nun als fünfte erscheint, erschließt sich mit dem Hinweis auf die *Krippe* am ehesten für das Singen in adventlicher und weihnachtlicher Zeit, während sonst die Menschwerdung Gottes nicht mit den traditionellen Weihnachtsmotiven verbunden ist. Aber es ist hier im Grunde nicht die bescheidene Krippe der Weihnachtserzählung. Sie ist vielmehr die Quelle von Glanz und *neuem Licht* der weihnachtlichen Geburtsstunde. Der johanneische Dualismus von Licht und Finsternis ist in die vertrauensvolle Bitte gewendet: *Dunkel muss (= soll) nicht kommen drein.* Die Fortsetzung, *der Glaub bleib immer im Schein*, im Sinne von »möge sein Licht behalten«, ist zusammen mit dem Vorangegangenen die einzige Stelle im Lied, das die Wirkung der Menschwerdung Gottes auf uns formuliert – anders als in Luthers großenteils von ihm selbst formulierten Weihnachtslied *Gelobet seist du, Jesu Christ*, dessen zweite Hälfte das »für uns« systematisch zur Sprache bringt.

Die letzte Strophe, als doxologische Gloria-Strophe, hat keinen direkten Bezug zu den Aussagen des Hymnus, schließt diese aber – wie im alten Hymnus üblich – mit dem Lobpreis der Dreieinigkeit, der vollen Ausfaltung des Gottesbegriffs, ab.

Luther mutet den Singenden mit dieser Hymnenübertragung viel zu, und man kann sich durchaus fragen, was ihn zu solch schwierigen Formulierungen veranlasst hat, wo ihm doch die Verständlichkeit der Botschaft so sehr am Herzen lag, er sie mit allen Mitteln unters Volk bringen wollte. Mag sein, dass er in der theologischen Diskussion seine Treue zur altkirchlichen Tradition herausstellen wollte und das Lied vielleicht eher als Demonstrationsobjekt denn als Lied für den Volksgebrauch gedacht war. Wie auch immer – die enge Verbindung einer profilierten Melodie mit einer unverwechselbaren Textzeile hat dem Lied seinen herausragenden Platz im Repertoire gesichert.

Andreas Marti

Ausgaben

WA 35, 430f.; 497. (Nr. 8)
WA.A 4, 202–204 (Nr. 14)
Heidrich-Schilling 58–60 (Nr. 14)

Gelobet seist du, Jesu Christ (EG 23)

2. Des ewgen Vaters einig Kind
jetzt man in der Krippen find't;
in unser armes Fleisch und Blut
verkleidet sich das ewig Gut.
Kyrieleis.

3. Den aller Welt Kreis nie beschloss,
der liegt in Marien Schoß;
er ist ein Kindlein worden klein,
der alle Ding erhält allein.
Kyrieleis.

4. Das ewig Licht geht da herein,
gibt der Welt ein' neuen Schein;
es leucht' wohl mitten in der Nacht
und uns des Lichtes Kinder macht.
Kyrieleis.

5. Der Sohn des Vaters, Gott von Art,
ein Gast in der Welt hier ward
und führt uns aus dem Jammertal,
macht uns zu Erben in seim Saal.
Kyrieleis.

6. Er ist auf Erden kommen arm,
dass er unser sich erbarm
und in dem Himmel mache reich
und seinen lieben Engeln gleich.
Kyrieleis.

7. Das hat er alles uns getan,
sein groß Lieb zu zeigen an.
Des freu sich alle Christenheit
und dank ihm des in Ewigkeit.
Kyrieleis.

Die Melodie – volkstümlich und kunstvoll

In Luthers Weihnachtslied klingt gottesdienstlicher Volksgesang aus dem Mittelalter weiter. Dieses Weiterklingen betrifft zunächst die Melodie; darum beginnen wir hier mit einigen musikalischen Betrachtungen, die uns direkt zur Eigenart des Liedes führen können; Melodien nehmen wir ja häufig schneller und nachhaltiger wahr als Texte. Die erste Strophe von Luthers Weihnachtslied ist ein kurzes Lied, das die

Gemeinde früher zwischen den Abschnitten des lateinischen *Grates nunc omnes reddamus* – übersetzt etwa: »Wir sagen alle Dank« – sang. Dieser lateinische Gesang war seinerseits als »Sequenz« (= Folge) aus der Melodie des Allelujaverses der Messe zur ersten Adventswoche entwickelt worden, und die Melodie des deutschen Liedes schließt sich wiederum in lockerer Weise derjenigen der Sequenz an. So hört man in ihrer einfachen Tonartstruktur oder in dem rezitationsartigen Beginn noch deutlich den gregorianischen Hintergrund. Bereits die einfache vierzeilige Form bringt sie aber dem volkstümlichen Singen näher. Dazu kommen Bewegungssymmetrien, die eine unmittelbare musikalische Plausibilität schaffen: Ein nach oben gerichteter Bogen über die ersten beiden Zeilen hin, danach ein doppelter Bogen an den oberen und den unteren Rand des Tonumfangs in der zweiten Melodiehälfte lassen eine gut nachvollziehbare musikalische Form entstehen. Über alle vier Zeilen hin gesehen ergibt sich zudem eine Art Rahmenform: Die äußeren Zeilen 1 und 4 verwenden einen kleineren Tonumfang als die beiden mittleren. Innere Beziehungen zeigen sich in den fallenden Sekundschritten am Ende jeder Zeile, in der häufigen Verwendung der Wechseltonfigur, wie sie in der ersten Zeile gleich zweimal hintereinander vorkommt, und in der Korrespondenz der Tonsprünge: steigende Quarte mit denselben Tönen in der ersten und dritten Zeile, fallende Quarte in der dritten Zeile und steigende Quinte wiederum mit denselben Tönen in der vierten. Eine interessante Beobachtung ergibt sich in der zweiten Zeile: Lässt man den ersten und den letzten Ton weg, erhält man die jeweils höchsten Töne der vier eigentlichen Liedzeilen und des angehängten *Kyrieleis*. Zufall?

Das angehängte *Kyrieleis* begegnet in mehreren mittelalterlichen deutschen Liedern, zuerst beim Osterlied »Christ ist erstanden«. Dieser Ruf war der Gemeinde sicher aus verschiedenen liturgischen Dialogsituationen vertraut, und in dieses vertraute Element mündete ihr refrainartiger Gesang im Wechsel mit der lateinischen Sequenz. Die wörtliche Bedeutung des »Herr, erbarme dich« war dabei wohl weniger wichtig als die rituelle »Beheimatung«. Von da aus erhielten diese Gesänge die Bezeichnung »Leis« oder »Leise«, nach der letzten Silbe des Rufs. Schon im 16. Jahrhundert und auch in jüngerer Zeit wurde das »Kyrieleis« im Weihnachts- und im Osterlied manchmal durch ein »Halleluja« ersetzt. Das erschien inhaltlich stimmiger, obschon es die ursprüngliche Gestalt der Lieder veränderte. Immerhin schlägt es den Bogen zurück zum Ursprung, sind doch die Sequenzen, welche den melodischen und liturgischen Kontext der »Leisen« bildeten, aus dem »Alleluia« entstanden.

Bezüge zum Glaubensbekenntnis

Inwiefern Martin Luther die erste Strophe gegenüber der mittelalterlichen Vorlage umgestaltet hat, ist ungewiss, da wir nicht wissen können, in welcher Fassung ihm das Lied bekannt war – fast alle mittelalterlichen Lieder sind in mehr oder weniger voneinander abweichenden Varianten erhalten, deren Verbreitung kaum mehr überprüft werden kann. Immerhin gibt es hier eine Vermutung: In der aus dem Kloster Medingen erhaltenen spätmittelalterlichen Fassung heißt es in der zweiten Zeile (in modernes Deutsch übertragen): »dass du heut' geboren bist«. Luther schreibt *dass du Mensch geboren bist.* Damit ist die zentrale Aussage der Menschwerdung Gottes gleich zu Beginn des Liedes formuliert, und der Bezug zum Glaubensbekenntnis, wie es in der lateinischen Messe verwendet wird, ist hergestellt: *et homo factus est* – »und wurde Mensch«.

Ebenfalls aus dem Glaubensbekenntnis genommen ist die zweite Zeile: *von einer Jungfrau.* Nun geht zwar die Vorstellung der Jungfrauengeburt im Grunde auf ein Übersetzungsmissverständnis zurück: Das hebräische Wort, das in der Jesaja-Verheißung (»siehe, eine Jungfrau ist schwanger und wird einen Sohn gebären«, Jes 7,14) gebraucht wird, meint lediglich das Lebensalter, wäre also korrekt mit »eine junge Frau« zu übersetzen. Erst durch die Wiedergabe durch *parthenos* in der griechischen Fassung kam die Vorstellung der übernatürlichen Geburt hinzu. Doch dient die Erzählung dazu, die Besonderheit dieser Geburt, das Eingreifen Gottes deutlich zu machen. Dies, nicht die Jungfrauengeburt, ist der Glaubensgegenstand, um den es hier geht.

Zur ersten Strophe ist weiter anzumerken, dass sie im Gebet Christus direkt anspricht, im Unterschied zur Sequenz, die – in indirekter Form – an Gott Vater gerichtet ist. Die übrigen, von Luther hinzugefügten Strophen stehen dann nicht mehr in Gebets-, sondern in Berichtsform.

Mit den *Engeln* in der letzten Zeile wird ein Element der Weihnachtserzählung aufgenommen. Daran knüpft die zweite Strophe an, wenn sie als zweites Erzählungselement die *Krippe* nennt – danach kommt die Weihnachtserzählung nicht mehr vor. Diese zweite Strophe erinnert an Stellen aus dem Glaubensbekenntnis: *einig Kind* – »Gottes eingeborener Sohn«; *in unser armes Fleisch und Blut* – »hat Fleisch angenommen«. Dass Christus sich *verkleidet,* verweist auf die Vorstellung, dass er dem Teufel in Menschengestalt gegenübertritt und ihn so überlisten kann; Luther hat dies in seinem Lied von der Rechtfertigung *Nun freut euch, lieben Christen g'mein* so beschrieben: *Gar heimlich führt er sein Gewalt;/ er ging in meiner armen G'stalt;/ den Teufel wollt er fangen* (EG 341,6).

Das Paradox der Menschwerdung

Gewichtige theologische Argumentation verbirgt sich in der dritten Strophe: Der Unendliche, *den aller Welt Kreis nie beschloss*, der Schöpfer und Erhalter des Kosmos, wird endlich, liegt als kleines Kind in *Marien Schoß*. Auf dieses Paradox, dass der Unendliche endlich wird, dass umgekehrt das Endliche den Unendlichen fassen kann – *finitum capax infiniti* – legt die lutherische Theologie großen Wert, während die Reformierten mit der Formel *finitum non capax infiniti* die Unendlichkeit Gottes auch in seiner Menschwerdung ausdrücklich bewahrt wissen wollen.

Die vierte Strophe schließt sich an den Prolog des Johannesevangeliums an: »Das wahre Licht« »scheint in der Finsternis« (Joh 1,9 und 1,5), *mitten in der Nacht*, wie es im Lied heißt. Diese Zeile hat für das Lied eine formale Schlüsselfunktion: Die vierte Strophe ist die mittlere von sieben Strophen, ihre dritte Zeile ist die mittlere von fünf Zeilen (das *Kyrieleis* mitgerechnet), und das vierte und mittlere der sieben Wörter in der Zeile ist *mitten*. Mitten in der Nacht beginnt der neue Tag, mitten in der Nacht von Christi Geburt beginnt die neue Zeit, mitten im Lied beginnt die Darstellung dessen, was Gott für uns tut. Von da an begegnet nämlich laufend das Wort *uns*, das bisher gefehlt hat, und zwar in einer auffallenden Symmetrie zum ersten Teil, die bereits in der vierten Strophe einsetzt. *Das ewig Licht* in der ersten Zeile macht uns – so in der vierten Zeile – zu *des Lichtes Kindern*.

Dritte und fünfte Strophe sind spiegelsymmetrisch verbunden durch das Wort *Welt*, das auch in der mittleren, vierten Strophe vorkommt. Die dritte Strophe beschreibt den Vorgang, in der fünften kommt dazu die Auswirkung: Gott *macht uns Erben in sei'm Saal*.

Sowohl in der zweiten wie in der sechsten Strophe steht das Wort *arm*. Ähnlich wie im vorher beschriebenen Strophenpaar geht es auch hier nun um die Auswirkung. Erst bezog sich *arm* auf die Menschen, jetzt ist Gott selber arm, damit wir *durch seine Armut reich* werden (2Kor 8,9) – die Paradoxie des »seligen Tausches«, wie sie in der theologischen und liturgischen Sprache seit der Alten Kirche vorkommt und von Luther in seiner Schrift »Von der Freiheit eines Christenmenschen« (1520) im 12. Artikel als »fröhlicher Tausch« zitiert wird. Noch einmal kommen die Engel ins Spiel, aber nicht mehr die Engel aus der Weihnachtsgeschichte, sondern als Bild für die neue Nähe, die Gott uns durch Christus schenkt.

Das Symmetriewort der ersten und siebenten Strophe schließlich ist *freuet/freu'*, und zwar mit einer bezeichnenden Verschiebung des Subjekts: Waren es in der ersten Strophe die *Engel*, die sich freuen, ist es nun *alle Christenheit*. Die Menschwerdung Gottes hat die Freude vom Himmel auf die Erde gebracht.

In einigen Strophen findet sich zudem eine innere Symmetrie. In der zweiten und dritten sprechen die äußeren Zeilen von der Hoheit Christi, die beiden mittleren von seiner Niedrigkeit. In ähnlicher Weise rahmen Zeilen mit »hohen« Aussagen solche mit »niederen« in der ersten, vierten und fünften Strophe. Das Herabkommen Christi, die Menschwerdung Gottes erscheint durch die poetische Gestaltung als dynamischer Vorgang des »seligen Tauschs«.

Die Gemeinde hat Teil an der Verkündigung

Das Lied steht am Anfang von Luthers Liedschaffen. Er hat im Jahr 1523 angefangen, Lieder zu dichten: das Lied über die beiden Brüsseler Märtyrer (*Ein neues Lied wir heben an*), sein erstes Psalmlied *Aus tiefer Not schrei ich zu dir*, wie wir aus seinem datierten Brief an den Hofprediger Georg Spalatin wissen, und das schon erwähnte Lied von der Rechtfertigung, das mit dieser Jahreszahl in dem Achtliederdruck aus Nürnberg steht. Bereits in den Erfurter Liedersammlungen von 1524 steht unser Weihnachtslied; es mag darum in der vorangegangenen Adventszeit 1523 entstanden sein.

Dass aus der einstrophigen Gemeindeantwort ein komplettes siebenstrophiges Lied wurde, zeigt in aller Deutlichkeit den Funktionswechsel des Gemeindegesangs und damit auch die Veränderung des Kirchenverständnisses. Die mittelalterliche Leisenstrophe weist der Gemeinde die Aufgabe zu, auf das vom Klerus verantwortete liturgische Ritual zu reagieren. In Luthers Lied nimmt sie die Verkündigung der Weihnachtsbotschaft selber in die Hand. Das Gefälle zwischen den Geweihten und dem gewöhnlichen Volk ist im Prinzip aufgehoben, die im Lied vollzogene Verkündigung ist einzuordnen in das Konzept des »allgemeinen Priestertums«.

Wenn wir an traditionelle Weihnachtslieder denken, fallen uns die Motive von Krippe, Hirten, Maria und Joseph, Sternen, Engeln, Nacht, Stall, Ochs und Esel, Königen bzw. Weisen ein. Von dem allem ist ausgerechnet im ältesten reformatorischen Weihnachtslied fast nichts zu finden – nur gerade die Engel, die Krippe und Maria sind genannt, dazu die Nacht als Gegenüber zum göttlichen Licht. Das Erzählerische tritt weitgehend zurück hinter der Interpretation dessen, wovon die Weihnachtsgeschichten erzählen. Trotz der hoch angesetzten theologischen Argumentation bleibt die Sprache schlicht, unmittelbar verständlich und zudem so perfekt gefügt, dass sie heute noch praktisch ohne jede redaktionelle Anpassung singbar ist.

Martin Luther hat mit *Gelobet seist du, Jesu Christ* einen neuen Liedtypus begründet, einen Weg eröffnet, auf dem ihm nur wenige gefolgt sind.

Andreas Marti

Ausgaben

WA 35, 434f.; 499
WA.A 4, 165–167 (Nr. 5)
Heidrich-Schilling 27–29 (Nr. 5)

Vom Himmel hoch, da komm ich her (EG 24)

2. Euch ist ein Kindlein heut geborn
von einer Jungfrau auserkorn,
ein Kindelein so zart und fein,
das soll eu'r Freud und Wonne sein.

3. Es ist der Herr Christ, unser Gott,
der will euch führn aus aller Not,
er will eu'r Heiland selber sein,
von allen Sünden machen rein.

4. Er bringt euch alle Seligkeit,
die Gott der Vater hat bereit',
dass ihr mit uns im Himmelreich
sollt leben nun und ewiglich.

5. So merket nun das Zeichen recht:
die Krippe, Windelein so schlecht,
da findet ihr das Kind gelegt,
das alle Welt erhält und trägt.«

6. Des lasst uns alle fröhlich sein
und mit den Hirten gehn hinein,
zu sehn, was Gott uns hat beschert,
mit seinem lieben Sohn verehrt.

7. Merk auf, mein Herz, und sieh dorthin;
was liegt doch in dem Krippelein?
Wes ist das schöne Kindelein?
Es ist das liebe Jesulein.

8. Sei mir willkommen, edler Gast!
Den Sünder nicht verschmähet hast
und kommst ins Elend her zu mir:
wie soll ich immer danken dir?

9. Ach Herr, du Schöpfer aller Ding,
wie bist du worden so gering,
dass du da liegst auf dürrem Gras,
davon ein Rind und Esel aß!

10. Und wär die Welt vielmal so weit,
von Edelstein und Gold bereit',
so wär sie doch dir viel zu klein,
zu sein ein enges Wiegelein.

11. Der Sammet und die Seiden dein,
das ist grob Heu und Windelein,
darauf du König groß und reich
herprangst, als wär's dein Himmelreich.

12. Das hat also gefallen dir,
die Wahrheit anzuzeigen mir,
wie aller Welt Macht, Ehr und Gut
vor dir nichts gilt, nichts hilft noch tut.

13. Ach mein herzliebes Jesulein,
mach dir ein rein sanft Bettelein,
zu ruhen in meins Herzens Schrein,
dass ich nimmer vergesse dein.

14. Davon ich allzeit fröhlich sei,
zu springen, singen immer frei
das rechte Susaninne schön,
mit Herzenslust den süßen Ton.

15. Lob, Ehr sei Gott im höchsten Thron,
der uns schenkt seinen ein'gen Sohn.
Des freuet sich der Engel Schar
und singet uns solch neues Jahr.

Verwobene Traditionsstränge

Vom Himmel hoch, da komm ich her ist das bekannteste der Weihnachtslieder Luthers; es erscheint erstmals 1535 im Wittenberger Gesangbuch und hat dort die Überschrift: »Ein kinder lied auff die Weinacht Christi«. Die Bezeichnung »Kinderlied« sollte im Blick auf die gegenwärtige Praxis nicht darüber hinwegtäuschen, dass es sich hierbei um eines der beziehungsreichsten und vielschichtigsten Weihnachtslieder deutscher Sprache handelt: Das Stück ist kindgerecht und gleichzeitig poetisch sowie theologisch von außerordentlich hohem Niveau. Luther gelingt es, sehr unterschiedliche Traditionen korrigierend und akzentuierend aufzunehmen und in seine Theologie zu inkulturieren. Die Traditionsstränge, die der Reformator vorfindet und zu einem neuen Ganzen verwebt, sind ein weltliches Tanzlied, das Evangelium Lk 2, dessen volksfromme Rezeption im Krippenspiel und Kindelwiegen, die lateinische Weihnachtsliturgie und -hymnodie sowie nicht zuletzt der mystische Topos vom Ruhen des göttlichen Kindes im Herzen des Frommen – all diese Elemente werden von Luther gleichsam reformiert, d.h. in eine nach seinem Verständnis evangeliumsgemäße Form gebracht, deren theologische Struktur holzschnittartig beschrieben werden kann als Verkündigung und rechte Aufnahme der Verkündigung, als Wort und Antwort.

Ein transformiertes Krippenspiel

Der Aufbau des Liedes lässt sich an den Sprecherperspektiven und an der Verteilung der den Text wie ein Netz zusammenhaltenden Pronomina erkennen:

a) Die Strophen 1–5 sind durch das »ich« des verkündenden Engels (viermal) und das »wir/euch« (achtmal) charakterisiert.
b) In Strophe 6 wendet sich die Sprechrichtung: Sie ist eine Selbstaufforderung der Hörer (»uns«), die auf die Verkündigung reagieren.
c) Die Strophen 8–13 realisieren wiederum eine andere Sprechsituation: Sie sind Anrede eines Einzelnen an *den edlen Gast* (»ich/mir« – »du/dir«); gerahmt wird diese Einheit durch die Strophen 7 und 14,

die jeweils eine Selbstreflexion des Redenden enthalten (»mein Herz«/»ich«).

d) Strophe 15 schließt mit dem gemeinschaftlichen »uns« wieder an den Wendepunkt der Strophe 6 an.

In diesem Liedaufbau lassen sich die drei Stationen des mittelalterlichen Krippenspiels erkennen: 1. Verkündigung der Geburt des Heilands durch den Engel; 2. der Aufbruch der Hirten nach Bethlehem (das *transeamus*-Motiv); 3. die betrachtende Anbetung vor der Krippe (*adoratio*). Diese Krippenspiel-Tradition wird von dem Reformator mit großem Geschick transformiert: Ihm geht es nicht um ein Nachspielen des Evangeliums in seinen historischen Bezügen, sondern um dessen Verkündigung und Annahme hier und heute.

Die Engelsbotschaft auf dem Marktplatz

Dieser ausdrückliche Gegenwartsbezug des Evangeliums wird gleich zu Beginn des Liedes geradezu plakativ akzentuiert: Mit Strophe 1 greift Luther ein weltliches Kranzlied auf, ein zu seiner Zeit gepflegter Brauch, bei dessen Aufführung verschiedene Sänger um den Siegespreis eines Kranzes dadurch konkurrieren, dass sie den Zuhörern möglichst spannende und sensationelle Neuigkeiten darbieten. Die stereotype Einleitungsstrophe konnte dabei lauten: *Ich kumm aus frembden landen her / und bring euch vil der neuen mär. / Der neuen mär bring ich so vil, / mer dann ich euch hie sagen will.* Die in Lukas 2 vorgegebene Situation, in der ein Engel des Nachts vor die bei ihren Herden wachenden Hirten tritt, wird in dem Weihnachtslied überblendet mit der den Ersthörern vertrauten Situation des Kranzliedes; die durch den Engel verkündete *gute neue Mär* (Kunde, nicht Märchen!), das »Eu-angelion«, gewinnt dadurch wieder ihren Sinn als jetzt ergehende aktuelle Botschaft: »Luther hat den verkündenden Weihnachtsengel weggeholt von den Fluren Bethlehems; er hat ihn herausgeholt aus dem heiligen Buch, das auf dem Altar liegt, auch aus dem Goldrahmen des Bildes in der Altarnische. Er stellt ihn auf den Marktplatz der Nachrichten. Er lässt ihn mit seiner Botschaft um ein Kränzel singen« (Gerhard Hahn).

Der Kern der *guten Mär* ist in den Strophen 2–4 enthalten, die konzentrisch angeordnet sind: Der Bogen spannt sich von der Eröffnung *Euch ist ein Kindlein heut geborn* (2,1) – in dem der Introitus der 3. Weihnachtsmesse (*missa in die*) *Puer natus est nobis* nachklingt – bis hin zu der mit 1Kor 2,9 formulierten eschatologischen Vollendung *im Himmelreich* (4,1–4). Im Zentrum steht Strophe 3 mit der heilsgeschichtlichen Identifizierung des Kindes: *Es ist der Herr Christ, unser Gott* (3,1), der sich als Retter *aus aller Not,* als *Heiland* und Befreier *von allen Sünden* erweisen will. In nur drei Strophen ist das ganze Evangelium verdichtet. Die Engelrede schließt in Strophe 5 mit dem Hinweis auf das *Zeichen.* Das eben verkündete Evangelium wird mit dem Paradox der Erniedrigung des Höchsten auf sein heilsgeschichtliches Fundament gestellt: Der *alle Welt erhält und trägt* liegt auf *Windelein so schlecht* – »wovon wir reden, (ist) nicht die Weisheit dieser Welt, sondern [...] die Weisheit Gottes« (1Kor 2,6f.).

Der Übergang mit den Hirten

Strophe 6 vollzieht die Reaktion der Singenden auf die verkündete Botschaft; an der Seite der Hirten machen sie sich auf, »um das Ereignis zu sehen, das uns der Herr verkünden ließ« (Lk 2,15). In dem Sprecherwechsel vom verkündenden Engel auf die Hörer der Botschaft (*uns*; 6,1.3) vollzieht sich auch der Ortswechsel von der Verkündigung zum Verkündeten selbst (6,4) sowie der Wechsel in der Wahrnehmung vom Hören zum *Sehn* (6,1).

Das Gebet vor der Krippe

Mit den Strophen 7–14 vollziehen die Singenden die von der Krippenspieltradition geforderte *adoratio*, das persönliche Gebet vor der Krippe. Diese liebende Zwiesprache des Ich mit dem *schönen Kindelein* (7,1) ist das eigentliche Herz des Liedes. Deutlich ist dieses Gebet zunächst an das Zentrum der Verkündigung des Engels zurückgebunden. Hieß es dort: *er will eur Heiland selber sein / von allen Sünden machen rein* (3,3f.), heißt es hier: *Sei mir willkommen, edler Gast, / den Sünder nicht verschmähet hast* (8,1f.). Botschaft und Annahme der Botschaft korrespondieren, das Gebet ist Antwort auf das Wort der Verkündigung. Ebenso ist das Paradox der Erniedrigung, das in den Strophen 9–11 plastisch ausgemalt wird, rückgebunden an die Botschaft des Engels. Das dort verkündete *Zeichen* (5,1) der Erniedrigung des Höchsten wird im Gebet in seinem eigentlichen Sinn offenbar: Es ist nicht nur Erkennungs- und Bestätigungszeichen, sondern neben der hörbaren Botschaft des Engels die sichtbare Botschaft des Kindes (vgl. Hahn, Evangelium 142). Denn es ist ja gegeben worden, um *die Wahrheit anzuzeigen mir* (12,2). Und diese Wahrheit ist, dass aller *Welt Macht, Ehr' und Gut / vor dir nichts gilt, nicht hilft noch tut* (12,3f). Das Lied spricht die grundlegende Erkenntnis aus, dass der Mensch, wenn es um sein Heil geht, sich nicht selbst erlösen kann – allein der Glaube an das rettende Handeln Gottes *gilt, hilft* und *tut.* Dass es um den Glauben in diesem paulinischen Sinn geht, zeigen die beiden folgenden Strophen, die zunächst den mystischen Topos von der Geburt Gottes in der Seele bzw. konkreter: das Kommen des Jesuskindes in die Krippe des Herzens (Str. 13) aufgreifen. So heißt es etwa bei Gertrud von Helfta, der großen Mystikerin des 13. Jahrhunderts: »Es war in jener hochheiligen Nacht, (...) als ich (...) durch Betrachtungen und andächtige Übungen es wagte, hinzuzutreten und Dienst zu erweisen bei jener himmlisch erhabenen Geburt, durch welchen die Jungfrau den wahren Gott und den wahren Menschen als Kind gebar, wie das Gestirn den Strahl hervorbringt. Und siehe da! meine Seele erkannte, daß ein zartes, gleichsam zur Stunde geborenes Kindelein wie einen Augenblick lang ihr gezeigt und dargereicht und wie in einen Teil des Herzens aufgenommen wurde. Traun! in diesem Kindelein barg sich das Geschenk der höchsten Vollkommenheit und die wahrhaft beste aller Gaben. Kaum fühlte meine Seele es in sich, da schien sie plötzlich ganz umgewandelt zu sein in dieselbe Farbe mit ihm, wenn man Farbe nennen kann, was durch kein sichtbares Bild sich bezeichnen läßt« (Gesandter der Göttlichen Liebe II,6). Luther demokratisiert gleichsam diese (elitäre) mystische Erfahrung, indem er sie mit der volksfrommen Tradition des Kindelwiegens (Str. 14) verknüpft. Doch wird dabei die in dem Wiegen und Singen des Schlafliedes (*Susaninne*) zum Ausdruck gebrachte Fürsorge des Frommen gegenüber dem göttlichen Kind von Luther umgekehrt: *mach dir ein rein sanft Bettelein / zu ruhn in meines Herzens Schrein* (13,2f) – die Initiative liegt beim Kind, nicht beim Beter. Dessen Antwort ist der Glaube, denn die *unio mystica* durch die Aufnahme des Christkindes im Herzen bedeutet nichts anderes als »einfach den immer Christus-bezogenen Glauben« (Hahn, Evangelium 137): *dass ich nimmer vergesse dein* (13,4).

Der Lobpreis

Die abschließende Doxologie bündelt die grundlegenden theologischen Positionen des Liedes. Durch die auffällige Stichwortverbindung *Ehr* (Z. 1) und *verehrt* (6,4) wird dieser Lobpreis mit dem Handeln Gottes in Beziehung gesetzt: Die Singenden geben die in der Menschwerdung des Logos empfangene Ehre nun an Gott zurück. – Zum anderen knüpft die Doxologie mit *der Engel Schar* an die Engelbotschaft der Strophen 1–5 an. Auch hier formuliert Luther wieder sehr genau: Hieß es in Strophe 5, dass die eschatologische *basileia* Gottes, das *Himmelreich* (5,3), nicht erst in einer fernen Zukunft, sondern schon jetzt, mit der Geburt des Heilands, begonnen habe (*nun*; 4,4), so wird in dem Neujahrsgruß der Engel am Ende des Liedes nicht allein und nicht einmal in erster Linie der auf das Weihnachtsfest folgende Beginn eines neuen Kalender-Jahres besungen, sondern vielmehr der Anbruch eines neuen Äon (Z. 4: *und singet uns solch neues Jahr*), der in der Umkehr und im

Glauben ergriffen werden kann. Nach Lk 15,7 herrscht im Himmel mehr Freude über einen einzigen Sünder, der umkehrt, als über neunundneunzig Gerechte. Und genau das ist auch im Lied der Grund für die Freude der Engel im Himmel (Z. 3: *des freuet sich der Engel Schar*).

Eine kongeniale Melodie

Vier Jahre nach der Erstveröffentlichung des Textes erscheint er in »Geistliche | lieder/ auffs | new gebessert vnd ge|mehrt/ zu Witte[n]berg« (Leipzig 1539) mit einer von Luther geschaffenen Melodie, die heute zu den bekanntesten und beliebtesten Weihnachtsliedmelodien gehört. Wie der Text wirkt sie volksliedhaft einfach und ist doch mit hoher Kunst gestaltet. Auffällig ist die enge Verbindung zwischen Textaussage, Sprachmelodie und musikalischer Melodie. »Sofort wahrnehmbar ist das z.B. am hoch liegenden Anfang oder bei *neuer Mär* (Z. 2) und bei der *guten Mär* (Z. 3), aber auch am Gesamtverlauf der Melodie, die so sinnfällig von oben nach unten zu fester Bodenhaftung findet. Diese Melodie sagt auch im Singen etwas (*davon ich singn und sagen will*) und hilft zugleich der Sprache, dass sie ihren eigenen Ton findet: Auch im weiteren Gang des Liedes muss sich kein einziges Wort eine falsche Betonung gefallen lassen. Dieser Melodieschöpfer kennt und achtet seine Muttersprache« (Christa Reich).

Kuriose Umwege

Auch wenn *Vom Himmel hoch, da komm ich her* heute über die Konfessionsgrenzen hinaus zu den beliebtesten Weihnachtsliedern zählt, gelangt es in die katholischen Gesangbücher erst spät und auf einem denkbar merkwürdigen Weg, den Christiane Schäfer nachgezeichnet hat: Genau 20 Jahre nach Luther veröffentlicht der schlesische evangelische Pastor Valentin Triller ein Gesangbuch (»Ein Schlesich singebüchlein ... gestelt auff viel alte gewönliche melodien«, Breslau 1555), das kein einziges originales Lutherlied enthält, dafür aber unter Beibehaltung der Melodien eine große Anzahl von Nachdichtungen. Darunter ist auch ein Stück, dessen erste Strophe lautet: *Es kam ein Engel hell und klar / von Got auffs feldt zun Hirten dar / der war gar seer von hertzen fro / vnd sprach frölich zu jn also.* In der zweiten Strophe geht es dann weiter mit: *Vom Himel hoch da kom ich her / ich bring euch viel der guten meer*, was unverkennbar nach Luther klingt; die dritte geht dann wieder eigene Wege: *Der Herre Gott im höchsten thron / hat euch gesandt sein lieben Sohn / der ist auch heut ein mensch geborn / von einer Jungfrawn auserkorn.* Als der katholische Domdekan in Bautzen, Johann Leisentrit, dem ungeheuren Erfolg der Lutherlieder durch die Herausgabe eines eigenen Gesangbuchs (»Geistliche Lieder vnd Psalmen«, Bautzen 1567) etwas entgegenzusetzen versucht, bedient er sich bei Triller – der zwar wie Luther evangelisch ist, aber außerhalb Schlesiens völlig unbekannt und seine Lieder deshalb unverdächtig. So kommt nicht das Lutherlied, wohl aber dessen Trillersche Nachdichtung in die katholischen Gesangbücher und wird dort tradiert. Vereinzelte Versuche, Luthers Text in die katholische Tradition einzuspeisen (Rheinfelsisches Gesangbuch 1666, Paderborn 1765), scheitern. Erst der Sammlung »Kirchenlied« von 1938 gelingt dies mit anhaltendem Erfolg: Hier werden der Eingangsstrophe von Triller fünf Strophen des Lutherliedes beigegeben; der Autor wird freilich noch verschwiegen. »Gotteslob 1« (1975) bringt nach der Triller-Strophe immerhin sieben Strophen des Lutherliedes (das ›Gebet vor der Krippe‹ fehlt leider ganz) und nennt nun auch den Reformator als ihren Verfasser. Die Eingangsstrophe (*Es kam ein Engel* …) kann jetzt als der Versuch verstanden werden, die Redesituation zu verdeutlichen, insofern sie den Sprecher der Strophen 2–6 als den Engel des Weihnachtsevangeliums einführt. Diese scheinbare Klärung konterkariert aber die Absicht des Lutherliedes, denn indem dieses unmittelbar mit der Rede einsetzt, macht es deutlich, dass die Botschaft des Engels jetzt ergeht, hier und heute – durch die Triller-Strophe wird die Rede dagegen historisiert, aus aktueller Verkündigung wird ein Bericht darüber, was ein Engel einstmals in fernen Zeiten auf fremden Feldern gesagt hat. »Gotteslob 2« (2013) hat sie deshalb mit Recht getilgt.

Ansgar Franz

Ausgaben

WA 35, 459–461; 524f. (Nr. 29)
WA.A 4, 287–291 (Nr. 33)
Heidrich-Schilling 107–111 (Nr. 28)

Christ lag in Todesbanden (EG 101)

2. Den Tod niemand zwingen konnt
bei allen Menschenkindern;
das macht alles unsre Sünd,
kein Unschuld war zu finden.
Davon kam der Tod so bald
und nahm über uns Gewalt,
hielt uns in seim Reich gefangen.
Halleluja.

3. Jesus Christus, Gottes Sohn,
an unser Statt ist kommen
und hat die Sünd abgetan,
damit dem Tod genommen
all sein Recht und sein Gewalt;
da bleibt nichts denn Tods Gestalt,
den Stachel hat er verloren.
Halleluja.

4. Es war ein wunderlich Krieg,
da Tod und Leben 'rungen;
das Leben behielt den Sieg,
es hat den Tod verschlungen.
Die Schrift hat verkündet das,
wie ein Tod den andern fraß,
ein Spott aus dem Tod ist worden.
Halleluja.

5. Hier ist das recht Osterlamm,
davon wir sollen leben,
das ist an des Kreuzes Stamm
in heißer Lieb gegeben.
Des Blut zeichnet unsre Tür,
das hält der Glaub dem Tod für,
der Würger kann uns nicht rühren.
Halleluja.

6. So feiern wir das hoh Fest
mit Herzensfreud und Wonne,
das uns der Herr scheinen lässt.
Er ist selber die Sonne,
der durch seiner Gnaden Glanz
erleucht' unsre Herzen ganz;
der Sünden Nacht ist vergangen.
Halleluja.

7. Wir essen und leben wohl,
zum süßen Brot geladen;
der alte Sau'rteig nicht soll
sein bei dem Wort der Gnaden.
Christus will die Kost uns sein
und speisen die Seel allein;
der Glaub will keins andern leben.
Halleluja.

Dramatisierung des Heilsgeschehens

»Christ ist erstanden gebessert« – so lautet die Überschrift dieses Liedes in den ältesten Quellen; ziemlich sicher hat Martin Luther selbst diesen Anspruch für sein Lied erhoben. Was gab es da zu verbessern? Schließlich hat Luther selbst offenbar den alten Osterleis *Christ ist erstanden* geschätzt und auch ins Wittenberger Gesangbuch von 1529 aufgenommen. Um eine Qualitätssteigerung geht es nicht, wohl aber um eine neue Funktion, um den Wechsel vom mittelalterlichen zum reformatorischen Gemeindelied. Hatte *Christ ist erstanden* die Aufgabe, das Volk mit einem refrainartigen Ruf am liturgischen Geschehen teilhaben zu lassen und in knappster Formulierung das Wesentliche des Festinhaltes behaltbar zu machen, will das Lied der Reformation mehr. Es will selber erzählende und auslegende Substanz weitergeben und dies nicht mehr allein dem liturgischen Kontext überlassen. Die singende Gemeinde übernimmt selbst ein Stück weit die Verkündigung und antwortet auf sie gleichzeitig mit ihrem Lobgesang.

Eine zweite Ebene der »Verbesserung« betrifft die Reichweite der Erzählung. Wiedergegeben werden nämlich nicht die Osterberichte aus den Evangelien – wir kennen solche Evangelienlieder ja auch, etwa *Gelobt sei Gott im höchsten Thron* (EG 103) –, sondern es geht um die Einheit von Karfreitag und Ostern, von Tod und Auferstehung. Das eine kann nicht ohne das andere Gegenstand der Verkündigung und des Glaubens sein. Das Lied ist darum auch mehr als ein Osterlied; besser wäre es als Passions- und Osterlied zu bezeichnen. Beides gehört unauflöslich zusammen. Es ist wohl kaum ein Zufall, dass Luther überhaupt kein Passionslied gedichtet hat und dass auch in seinem anderen Osterlied *Jesus Christus, unser Heiland,/ der den Tod überwand* (EG 102) die Passionserinnerung ausgiebigen Raum bekommt. Dieses Zusammendenken hat zur Folge, dass beide Teil-Erzählungen nur in Bruchstücken angedeutet, gleichsam zitiert und auf die interpretierende Ebene zurückgenommen sind. So entsteht erst die eigentliche Erzählung, deren Gegenstand der dramatische Kampf zwischen Tod und Leben, Sünde und Befreiung ist. Eine ähnliche Dramatisierung des Heilsgeschehens hat Luther kurz zuvor in dem nach dem Muster eines meistersingerlichen Erzählliedes gestalteten *Nun freut euch, lieben Christen g'mein* (EG 341) vorgenommen.

Vom mittelalterlichen zum reformatorischen Gemeindelied

Die »Verbesserung« nimmt *Christ ist erstanden* (EG 99), das älteste deutsche Kirchenlied, erkennbar auf. Fast wörtlich ist die Entsprechung von *des wir sollen fröhlich sein* (1,5) mit *des solln wir alle froh sein* (1,3). Die zweite Strophe von *Christ ist erstanden* (*Wär er nicht erstanden*) kommt in den Strophen 2 und 3 ausführlich zur Darstellung und Auslegung, und zwar im Anschluss an die Argumentation des Paulus im 5. Kapitel des Römerbriefs: »Denn wenn um des einen Sünde willen der Tod geherrscht hat durch den einen, wieviel mehr werden die, welche empfangen die Fülle der Gnade und der Gabe zur Gerechtigkeit, herrschen im Leben durch einen, Jesus Christus« (Röm 5,17). Ein weiterer deutlicher biblischer Bezug ist das Bild des *Stachels,* dem 15. Kapitel des 1. Korintherbriefes entnommen (3,7; 1Kor 15,55f.).

Das alte *Christ ist erstanden* gehörte von seiner Entstehung und seinem liturgischen Gebrauch her zur Ostersequenz *Victimae paschali laudes.* Luther hat um diesen Zusammenhang zweifellos gewusst. Sowohl in der Melodie wie im Text finden sich Elemente der Sequenz. Wörtlich übernommen ist der Anfang von Strophe 4: *Es war ein wunderlich Krieg, da Tod und Leben rungen* entspricht der Zeile *Mors et vita duello conflixere mirando.* Die Befreiung von der Sünde (1,2; 3,3) formuliert die Sequenz als Versöhnung mit dem Vater: *Christus innocens patri reconciliavit peccatores* (»Christus, der Unschuldige, versöhnte die Sünder mit dem Vater«).

Strophe 5 schließt an das zentrale Bild des »Lammes« an, das die Sequenz zu Beginn prägt: *Victimae paschali* (dem österlichen Opfer[-Lamm]) in der ersten Zeile, dann in der zweiten: *Agnus redemit oves* (»Das Lamm erlöste die Schafe«). Ursprünglich lautete sie (in modernisierter Schreibweise):

5. Hier ist das recht Osterlamm,
davon Gott hat geboten.
Das ist an des Kreuzes Stamm
in heißer Lieb gebraten.
Das Blut zeichnet unsre Tür;
das hält der Glaub dem Tod für.
Der Würger kann uns nicht rühren.
Halleluja.

Es ist ein äußerst gewagtes Bild, die »heiße Liebe« mit dem Opferlamm zusammenzubringen und daraus dann gleich den österlichen Braten werden zu lassen. Obwohl es in seiner drastischen Fremdheit für heutiges Singen fast unüberwindliche Hindernisse aufrichtet, ist darin doch eine zentrale inhaltliche Schaltstelle des Liedes enthalten. Es verbinden sich nämlich hier jüdisches Passa – mit dem Blut an den Türpfosten noch explizit angeführt – und christliches Osterfest.

In dem einleitenden *So* der 6. Strophe ist das rechte Verständnis von Passion, Tod und Auferstehung Christi zusammengefasst, das die voraufgehenden Strophen entwickelt hatten. Darin liegt die Begründung, das *hoh Fest* feiern zu können, und zwar mit *Herzensfreud und Wonne.* Auch die Aussagen dieser Strophe sind wirkungsvoll ins Bild übersetzt, hier in das altvertraute Bild Christi als Sonne, deren Glanz, so die reformatorische Akzentuierung, der erleuchtende *Glanz* seiner Gnade ist. Das Gegenbild: Der *Sünden Nacht* ist *vergangen.*

Noch deutlicher wird der in der 5. Strophe errichtete Bezug zum Passafest danach in der 7. Strophe: Das *süße Brot* (im Original der »rechte Osterfladen«) ist hier zunächst das ungesäuerte (also keineswegs im heutigen Sinn »süße«) Brot des Passafestes; der *alte Sau'rteig*, den die jüdischen Hausfrauen vor dem Fest gründlich aus Küche und Haus ausfegen, ist das Bild für den alten unerlösten Menschen, der durch Tod und Auferstehung Jesu überwunden ist. Der Bogen wird dann aber weiter gespannt bis zum Abendmahl. Das Bild verschiebt sich innerhalb des Bildbereiches »Essen«: Christus ist jetzt nicht mehr der Osterbraten, sondern – nach lutherischer Auffassung – das Brot, das er selbst uns im Abendmahl zu essen gibt.

Mit der kraftvollen Bildhaftigkeit dieser Strophen hat Luther die Ostererzählungen aus den Evangelien hinter sich gelassen und kann auf sie verzichten, während sie im Text der Sequenz mit einigen Stichworten aufgenommen waren, vor allem in der Szene mit den Frauen am Grab.

Unregelmäßige Akzente – Widerhaken im Gedächtnis

Einige Fragen wirft die Metrik des Textes auf. Von anderen Liedern, z. B. *Aus tiefer Not schrei ich zu dir* oder *Nun freut euch, lieben Christen g'mein,* ist die siebenzeilige stollige Barform wohl vertraut: Je zwei Zeilen für die beiden Stollen und drei Zeilen für den Abgesang. Dazu kommt hier der abschließende *Halleluja*-Ruf, und im Unterschied zu den erwähnten Liedern in Form der so genannten »Lutherstrophe« haben hier die Zeilen im Prinzip 7 Silben (mit Ausnahmen in verschiedenen Strophen). An vielen Stellen ist die Verteilung der Akzente unregelmäßig, dies häufig gerade in der ersten Strophenzeile, während Luther in anderen Zeilen betonte und unbetonte Silben regelmäßig alternieren lässt, so vor allem in der zweiten und vierten Zeile aller Strophen, also der zweiten Stollenhälfte, was der Strophenform Stabilität verleiht. Das lässt sich am besten so interpretieren, dass Luther in einem grundsätzlich nur silbenzählenden Metrum streckenweise »modern« alternierend gearbeitet und den Text so in einem Zwischenbereich angesiedelt hat. Er soll zwar gebundene Sprache sein, wahrt jedoch noch eine gewisse Nähe zur verkündigenden Predigtprosa und widersetzt sich in seiner formalen Sperrigkeit einem allzu glatten Hören und Singen, so als ob er sich mit diesen Widerhaken im Gedächtnis festkrallen wollte.

Die Dreiteiligkeit der Strophenform kommt in der ersten Strophe schön zur Geltung: Karfreitag im ersten Stollen, Ostern im zweiten und der Aufruf zu Freude und Lob im Abgesang.

Von der Sequenzmelodie zur Liedmelodie

In Johann Walters Chorgesangbuch von 1524 stehen zwei verschiedene Melodien. Im Stollen stimmen sie überein, im Abgesang, d.h. von der fünften Textzeile an, sind sie völlig unterschiedlich konzipiert. Hypothetisch lässt sich die Melodiegeschichte folgendermaßen rekonstruieren: Luther hat zu seinem Text selber eine Melodie komponiert; diese kam über ein zu vermutendes Wittenberger Einzelliedblatt auf einen erhaltenen Augsburger Einzeldruck und in die Erfurter Enchiridien (Liederhandbüchlein) von 1524. Johann Walter behielt sie aus Respekt vor ihrem Autor bei, gab ihr aber eine zweite Melodie bei, die wesentlich besser zu singen ist und einen größeren musikalischen Bogen spannt, indem sie nicht wie diejenige Luthers im unteren Oktavbereich verbleibt, sondern in der sechsten Melodiezeile (*Gott loben und dankbar sein*) sogar den Oktavraum um einen Ton überschreitet.

Dass die Lied- auf der Sequenzmelodie aufbaut, ist offensichtlich. Die erste Zeile hat dieselbe Intervallfolge wie diejenige der Sequenz; der Beginn des Abgesangs (*Des wir sollen*) verwendet die Formel *mi-sol-la (-mi),* die in der Sequenz die Melodie der Strophenpaare eröffnet. Die zweite bzw. vierte Zeile entspricht der zweiten Hälfte des zweiten Teils der Sequenzmelodie von deren zweitem Ton an (*Christus innocens Patri / conflixere mirando*). Zeile 6 (*Gott loben und dankbar sein*) entspricht weitgehend dem Schluss des zweiten Sequenzstrophenpaars (*et gloriam / praecedet suos*), und die Melodie der letzten Zeile stimmt weitgehend mit dem mittleren Teil der Schlusszeile (*a mortuis vere*) überein.

Trotz der Nähe zur Sequenzmelodie ist die Liedmelodie eigenständig und gehört einem anderen Melodietypus an. Dies ergibt sich nicht nur aus der völlig anderen Strophenform, sondern zeigt sich gleich im ersten Zeilenpaar. Zwar stimmt die erste Zeile intervallgenau mit der Sequenz überein, doch durch die Lage im Tonraum entsteht ein Gegensatz. Die Sequenz beginnt auf dem Grundton, der Finalis, und die zweite Zeile bleibt im selben Tonraum. Die Liedmelodie dagegen setzt – mit derselben Intervallfolge – auf der melodischen Dominante ein (dasselbe gilt bereits für *Christ ist erstanden*). Die erste Zeile liegt im oberen Bereich der Oktave, die zweite bewegt sich im Quintraum über dem Grundton, auf dem sie auch endet. So entsteht eine Korrespondenzform anstelle der gregorianischen Reihungsform. Die durch die stollige Barform bedingte Melodiewiederholung bestätigt diesen Bogen und bereitet im zweimaligen Anlauf den melodischen Höhepunkt zu Beginn des Abgesangs vor –

ein für diese Strophenform typischer Spannungsverlauf. Während Luthers eigene Melodie diese Formdynamik nicht ausnutzt, hat Walter sie in der oben beschriebenen Weise verwirklicht, so dass die gesamte Melodie schließlich aus drei großen Bogen besteht, dem zweimaligen Stollen und dem weit ausgreifenden Abgesang. Das mehr reihende Prinzip der gregorianischen Melodiebildung ist auch in dieser Hinsicht durch das neuzeitlich-liedmäßige Korrespondenzprinzip abgelöst.

Andreas Marti

Ausgaben

WA 35, 443–445; 506f. (Nr. 16)
WA.A 4, 194–197 (Nr. 12)
Heidrich-Schilling 51–54 (Nr. 12)

Jesus Christus, unser Heiland (EG 102)

2. Der ohn Sünden war geboren,
trug für uns Gottes Zorn,
hat uns versöhnet,
dass Gott uns sein Huld gönnet.
Kyrie eleison.

3. Tod, Sünd, Leben und auch Gnad,
alls in Händen er hat;
er kann erretten
alle, die zu ihm treten.
Kyrie eleison.

Ostern auf den Punkt gebracht

Knapper als in diesem schlichten dreistrophigen Lied lässt sich nicht ausdrücken, was Ostern bedeutet. Luther nennt in der Überschrift das Lied »Ein Lobgesang auf das Osterfest«. Doch Lob und Dank oder ein Halleluja kommen darin nicht vor. Stattdessen endet jede Strophe mit dem Ruf Kyrie eleison – das Lied ist eine sogenannte Leise. Im Mittelalter gaben die in der Regel einstrophigen Leisen der Gemeinde die Gelegenheit, im lateinischsprachigen Gottesdienst in der Volkssprache zu Wort zu kommen. Luther bedient sich dieser bekannten Liedform und gestaltet sein Osterlied als paarweise gereimten Vierzeiler mit abschließendem Kyrie eleison. In klarer, verständlicher Sprache bringt er das Wesentliche zum Ausdruck. Jede Liedzeile macht eine gewichtige, ja unverzichtbare Aussage. Dabei ist der Aufbau des Liedes überaus planvoll.

Jesus Christus hat den Tod überwunden und die Sünde gefangen. Nichts anderes bedeutet seine Auferstehung. Die Mächte des Verderbens haben ein für allemal verloren. Darum ist Jesus Christus unser Heiland. Alles, was im Folgenden über ihn gesagt wird, hat darin seinen Grund und sein Ziel, dass es zu unserem Heil geschieht. Den Tod zu überwinden und die Sünde zu fangen, weckt Assoziationen eines Kampfgeschehens. Die Auferstehung ist der Sieg über Tod und Sünde.

Christus für uns

Die zweite Strophe erklärt näher, wie Christus der Heiland werden konnte. Geboren ohne Sünde – darin zeigt sich seine göttliche Seite, und das unterscheidet ihn von allen anderen Menschen. Darum kann er uns zugut handeln. Dreimal erscheint dieses Wort *uns* in der Strophe. Denn genau darum geht es ja, darin liegt der tiefe Sinn des Geschehens um Kreuzestod und Auferstehung: Wir Menschen gewinnen ein neues, geheiltes Verhältnis zu Gott. Gott gönnt uns seine Huld.

Die dritte Strophe stellt das Geschehen in eine universale Perspektive: Er hat alles in Händen – er kann alle erretten. Wie um eine Achse sind die vier Zeilen um diese Kernaussage gebaut: *er hat – er kann.* Die zweite und die vierte Zeile beginnen mit *alls / alle.* So wird die Aussage mit sprachlichen Mitteln wirkungsvoll unterstrichen. Die Strophe greift auf und fasst zusammen, was in den ersten beiden Strophen bereits dargelegt wurde. Tod und Sünde (Strophe 1) wie auch Leben und Gnade (sie folgen aus Versöhnung und Gottes Huld in Strophe 2) stehen in seinen Händen. Christus überwindet Tod und Sünde, damit Leben und Gnade bestimmend sind für alle, die zu ihm treten. Er kann, ja er wird sie erretten und wird so zum Heiland, der allen Leben und Gnade zuwendet.

Das Lied insgesamt ist geprägt von dichter theologischer Sprache, die zugleich Affekte weckt und so bei der singenden Gemeinde »ankommt«. Ziemlich genau in der Mitte des Liedes begegnet das für Luther entscheidende *für uns* (lat. *pro nobis*) und *hat uns versöhnet.* Darum geht es, das ist das Zentrum der Theologie Luthers überhaupt. Gottes Zorn wird gewendet in Gottes Zuwendung zu uns Menschen, in seine Huld. Übertragen auf zwischenmenschliche Verhältnisse werden hier starke Gefühle wachgerufen.

Gottes Zorn – sein Widerspruch gegen das Böse

Hier erhebt sich nun die Frage für die heutige Gemeinde, ob die Rede vom Zorn Gottes überhaupt noch sinnvoll ist oder ob sie nicht ein Gottesbild repräsentiert, das heute nur noch Unverständnis und Ablehnung hervorruft. In der Abfolge der Strophen eins und zwei wird deutlich, dass es einen engen Zusammenhang von Sünde und Zorn Gottes gibt. *Die Sünd hat er gefangen* – sie ist nicht aus der Welt, aber eingehegt, unschädlich gemacht in ihrer schrecklichen Wirkung, uns von Gott zu trennen. Noch sind wir eingebunden in schuldhafte Lebenszusammenhänge, erleiden sie und bringen sie selbst immer wieder hervor. Niemand ist davon frei. Dass Gott dazu Nein sagt und dem Bösen in der Welt widerspricht, fasst die Bibel in das Bild vom Zorn Gottes. In Christus hat Gott selbst Sünde und Todesschrecken erlitten. In seiner Auferstehung wird der verhängnisvolle Kreislauf von Sünde, Schuld, Rache und Zorn durchbrochen. Gottes Vergebung wirkt sich darin aus, dass Menschen sich untereinander versöhnen und Wiedergutmachung anstreben: *er kann erretten / alle, die zu ihm treten.*

Die Melodie – schlicht und kunstvoll

Die Melodie unterstützt wirkungsvoll die Aussagen des Liedes. Ihr Aufbau ist streng syllabisch – auf jede Silbe kommt ein Viertel oder eine Halbe. Der Umfang überschreitet nur einmal am Beginn der 3. Zeile den Fünftonraum. Auf den ersten Blick wirkt die äolische Melodie schlicht mit einem begrenzten Tonvorrat und dem häufig wiederholten Ton *a*, aber bei näherer Betrachtung erweist sie sich als kunstvoll gebaut. So ist die zweite Melodiezeile eine Wiederholung der ersten im Krebsgang, also rückwärts, wobei das *e* als letzter Ton der ersten Zeile als Achse fungiert. Die dritte Zeile wiederholt als Sequenz Teile der vorherigen Zeile einen Ton höher: *Tod überwand – ist auferstan(den).* In der vierten Zeile erscheint die erste noch einmal wiederholt, und der Beginn des abschließenden Kyrie eleison nimmt den Anfang der ersten Zeile gespiegelt wieder auf. Der nur einmal vorkommende Spitzenton steht in enger Beziehung zu Kernaussagen des Textes: *ist auferstanden – hat uns versöhnet – er kann erretten.*

Ilsabe Alpermann

Ausgaben

WA 35, 445; 507f. (Nr. 17)
WA.A 4, 198–201 (Nr. 13)
Heidrich-Schilling 55–57 (Nr. 13)

Nun bitten wir den Heiligen Geist (EG 124)

2. Du wertes Licht, gib uns deinen Schein,
lehr uns Jesus Christ kennen allein,
dass wir an ihm bleiben, dem treuen Heiland,
der uns bracht hat zum rechten Vaterland.
Kyrieleis.

3. Du süße Lieb, schenk uns deine Gunst,
lass uns empfinden der Lieb Inbrunst,
dass wir uns von Herzen einander lieben
und im Frieden in einem Sinn bleiben.
Kyrieleis.

4. Du höchster Tröster in aller Not,
hilf, dass wir nicht fürchten Schand noch Tod,
dass in uns die Sinne nicht verzagen,
wenn der Feind wird das Leben verklagen.
Kyrieleis.

Der Geist macht lebendig

Lange vor Luther gab es deutschsprachige Gesänge in der Messfeier als volkssprachliche Antwortgesänge auf lateinische liturgische Gesänge. Populär, weil vielfältig auch außerhalb der Messe verwendbar, waren die einstrophigen Leisen, die sich textlich an liturgische Gesänge anschlossen und stets mit einem Kyrieleis endeten. Die erste Strophe unseres Liedes ist eine Leise aus dem 13. Jahrhundert. Luther hat sie schon in seiner ersten Gottesdienstordnung von 1523 als Lied zwischen den Lesungen vorgeschlagen. Seine eigene um drei Strophen erweiterte Fassung erschien dann 1524.

Es leuchtet ein, dass Luther diese Leise aufgegriffen hat, denn hier kamen zwei für ihn außerordentlich wichtige Themen zur Sprache: die Bitte um den *rechten Glauben allermeist* und die Bitte um Beistand in der Todesstunde. Im allgemeinen Verständnis der Zeit war es der Heilige Geist, der den Gläubigen nach ihrem Tod zu neuem Leben bei Gott verhilft, denn der Geist macht lebendig (Joh 6,63; vgl. 2Kor 3,6). Darum wurden in vielen mittelalterlichen Städten die Spitäler für die Versorgung der Armen und Kranken dem Heiligen Geist geweiht. Die Leise zeichnet das irdische Leben als *Elende*, was ursprünglich auch »anderes Land«, »Ausland«, »Fremde« bedeutet. Insofern ist das Sterben ein Heimfahren zu Gott. Darin behütet zu sein und gnädig aufgenommen zu werden, war den Menschen und eben auch Luther ein existentielles Anliegen.

Bleiben in Christus und in der Gemeinschaft

Die Leise, also die erste Strophe des jetzigen Liedes, spricht den Heiligen Geist indirekt an: *Nun bitten wir den Heiligen Geist* – gemeint ist »lasst uns bitten«. Luther hingegen spricht den Heiligen Geist in der Tradition der Pfingstlieder direkt und gleichlautend in allen Strophen an: *Du*. Diese Anrede wird ähnlich einer Überschrift über die jeweilige Strophe um typische Wesensmerkmale des Geistes (*wertes Licht; süße Lieb, höchster Tröster*) ergänzt, aus der sich dann die Bitten ergeben. Ein mit *dass* eingeleiteter Folgesatz beschreibt jeweils, wie sich Wesen und Wirken des Geistes im christlichen Leben zeigen sollen. Den klaren Aufbau der vierzeiligen Liedstrophe übernimmt Luther von der Leise, handhabt ihn jedoch in Freiheit (vgl. Strophe 4). Mit dem abschließenden Kyrieleis werden auch seine Strophen zur Leise.

Die zweite Strophe greift die Bitte *um den rechten Glauben allermeist* aus der ersten Strophe auf. Der Heilige Geist, als *wertes Licht* angesprochen, lehrt Christus kennen (vgl. Joh 14,26). Recht zu glauben fasst neben der Erkenntnis auch vertrauensvolle Nähe zum *treuen Heiland* in sich. »Bleibt in mir und ich in euch« (Joh 15,4) – um dieses Jesuswort zu beherzigen, braucht es die Kraft des Geistes. Wer so an ihm bleibt, ist schon *zum rechten Vaterland* gebracht und hat Anteil an Gottes Reich (vgl. Eph 2,19). So greift Luther im zweiten Teil der Strophe die letzte Liedzeile der Leise auf und verdeutlicht das Ziel der Heimfahrt. *Allein* Jesus Christus – so die reformatorische Wiederentdeckung – öffnet den Weg zu Gott und führt zu dem Ziel, für immer gnädig angenommen zu sein.

Mit der dritten Strophe tritt ein weiterer Aspekt im Wirken des Geistes hinzu. Beschreibt die zweite Strophe den Weg der Christuserkenntnis hin zur personalen Beziehung des Einzelnen zu Christus, so kommt nun die Gemeinschaft in den Blick. *Du süße Lieb* – geradezu innig wird der Geist angesprochen und um das Geschenk seiner Zuwendung (*Gunst*) gebeten. Die göttliche Liebe findet Resonanz im Empfinden der Gläubigen und strahlt aus, so *dass wir uns von Herzen einander lieben* (vgl. Röm 5,5b). Die liebevolle Gemeinschaft zeichnet sich dadurch aus, *im Frieden auf einem Sinn* zu *bleiben.* Hier steht die Pfingstgeschichte und die Schilderung des Lebens der ersten Gemeinde im Hintergrund (Apg 2,42). Die Gabe des Heiligen Geistes führt die junge christliche Gemeinde in die einmütige Gemeinschaft des Glaubens und des verbindlichen Lebens in gegenseitiger Verantwortung.

Trost in Anfechtung

Das Christenleben bleibt nicht ohne Anfechtung. Dies benennt Luther deutlich in der vierten Strophe. *Du höchster Tröster in aller Not* – damit ist die Not der Todesstunde, von der die erste Strophe spricht, erweitert auf alle Widerstände, die ein im Glauben an Christus gelebtes Leben treffen können. Luther hatte Zeit seines Lebens mit schweren inneren und äußeren Anfechtungen zu kämpfen. Als *höchster*, also göttlicher *Tröster* ist der Geist vor allem Beistand und Helfer, so die sprachgeschichtliche Bedeutung des Wortes *parakletos*, das Luther mit »Tröster« übersetzt. Die Anfechtungen und Widerstände, die Kämpfe kommen unausweichlich. Luther bittet darum, *Schand und Tod nicht* zu *fürchten* und dabei *nicht* zu *verzagen.* Schande meint hier die gesellschaftlichen Folgen von Ausgrenzung und Ächtung, die erlebt, wer sich ernsthaft und mit aller Konsequenz in die Christusnachfolge stellt. Die Anklage durch den Feind liegt hinter aller Anfechtung. Es ist beinahe eine Gerichtssituation, die hier entsteht. Dem Ankläger steht mit dem höchsten Tröster ein noch mächtigerer Beistand gegenüber. Hier wach und »bei Sinnen« zu bleiben, sich nicht irremachen und vom eingeschlagenen Weg des Glaubens in der Christusnachfolge abbringen zu lassen, ist die Bitte dieser Strophe.

Ein Lied für viele Anlässe

Das Lied geht über ein typisches Pfingstlied weit hinaus. Dem entspricht die breite gottesdienstliche Verwendung, die es immer wieder gefunden hat und noch findet als Lied zum Eingang, den Lesungen zugeordnet, als Lied zur Ordination oder als Bestattungsgesang. Das Lied bringt weit über den Anlass des Pfingstfestes hinaus Wesentliches für das Verständnis des Heiligen Geistes zum Ausdruck. Das »Amt« des Geistes, seine Wirkung ist, in die Erkenntnis Christi und den Glauben an ihn zu führen, die christliche Gemeinschaft in der Liebe zu begründen und Christen zu stärken, wenn Kreuz und Anfechtungen unausweichlich sind. Luther hat es verstanden, die Leise zu einem Lied weiterzuführen, das als eine kurzgefasste und einprägsame Summe eines evangeliumsgemäßen christlichen Lebens erscheint.

Schreiten und Beschleunigen

Die Melodie der Leise ist wahrscheinlich zusammen mit dem Text im 13. Jahrhundert entstanden, verwendet und mündlich in vielen Varianten weitergegeben worden. Die erste verlässliche schriftliche Quelle stammt aus der zweiten Hälfte des 15. Jahrhunderts. Das von Beginn an volkssprachliche Lied zeigt auch in seiner Melodie Schlichtheit und prägt sich leicht ein. Sie erscheint deutlich zweigeteilt. Deklamatorisch anmutend schreiten die beiden ersten Zeilen in Halbtonschritten voran. Rhythmisch hervorgehoben wird durch beschleunigende, intensivierend wirkende Viertel das Wort *bit-ten* und durch eine verzögernde Ligatur das Wort *Hei-(li-gen).* Hier liegt textlich und melodisch der Schwerpunkt der ersten Zeile. Mit einer Spiegelfigur in der Oktave kehrt dieser Schwerpunkt in der zweiten Zeile wieder: statt *d-c-d* finden wir dort *c-d-c* zum Text *den rech-ten,* womit zugleich der Tonumfang der gesamten Melodie einmal durchschritten wird. Der Schluss beider Zeilen ist melodisch und rhythmisch identisch. Das auffallendste rhythmische Element der Melodie ist die Punktierung, mit der die dritte Zeile einsetzt. Sie bringt eine gewisse Beschleunigung der Melodie in Gang, denn nun überwiegen die Viertel. Zugleich wird der Tonraum, eine Terz, sehr viel enger. Diesen Charakter behält die Melodie auch in der vierten Zeile bei. Die letzten drei Worte *aus die-sem E-len-de* verlassen den engen Tonraum. Mit dem einzigen Quartsprung der Melodie *d-g* kehrt die Melodie zum Anfang zurück: *diesem E-len-de* ist ein leicht abgewandeltes Zitat der ersten Zeile *bit-ten wir den Hei-(li-gen Geist).* Das abschließende Kyrieleis greift die Punktierung auf und führt die Melodie auf den Grundton *f* zurück. So ist die fünfte Zeile musikalisch ein unverzichtbares Element dieser Melodie.

Ilsabe Alpermann

Ausgaben

WA 35, 447f.; 510 (Nr. 19)
WA.A 4, 223–225 (Nr. 19)
Heidrich-Schilling 78–81 (Nr. 19)

Komm, Heiliger Geist, Herre Gott (EG 125)

2. Du heiliges Licht, edler Hort,
lass leuchten uns des Lebens Wort
und lehr uns Gott recht erkennen,
von Herzen Vater ihn nennen.
O Herr, behüt vor fremder Lehr,
dass wir nicht Meister suchen mehr
denn Jesus mit rechtem Glauben
und ihm aus ganzer Macht vertrauen.
Halleluja, Halleluja.

3. Du heilige Glut, süßer Trost,
nun hilf uns fröhlich und getrost
in deim Dienst beständig bleiben,
die Trübsal uns nicht wegtreiben.
O Herr, durch dein Kraft uns bereit
und wehr des Fleisches Ängstlichkeit,
dass wir hier ritterlich ringen,
durch Tod und Leben zu dir dringen.
Halleluja, Halleluja.

Urmuster für den Pfingstgesang

Veni Sancte Spiritus – Komm, Heiliger Geist: Diese Antiphon, ein liturgischer Wechselgesang aus dem 11. Jahrhundert, bildet die Vorlage für die erste Strophe von Luthers Pfingstlied. In deutscher Übersetzung ist sie als Nr. 156 im Evangelischen Gesangbuch zu finden. Dieser Gesang ist der erste Beleg für die direkte Gebetsanrede an den Heiligen Geist in einem Lied. In den Jahrhunderten zuvor wurde im Anschluss an den biblischen Brauch stets *um* den Geist gebeten, während die Gebete *durch* den Sohn *an* den Vater gerichtet waren. Die Antiphon mit der Bitte *Komm, Heiliger Geist* wurde Ausgangspunkt und Urmuster für den christlichen Pfingstgesang.

Im ersten Teil der Antiphon wird eine dreifache Bitte an den Heiligen Geist gerichtet: *komm, erfüll, entzünd.* Das Pfingstwunder (Apg 2) möge sich neu ereignen. Die Feuerflammen sind nichts anderes als Flammen der göttlichen Liebe. Hier hat das Hohelied eingewirkt, wo über die Liebe gesagt wird: »Ihre Glut ist feurig und eine gewaltige Flamme« (Hld 8,6b). Die Strophe mündet im zweiten Teil in einen Lobpreis, der Gottes Handeln beschreibt: *der du … versammelt hast.* Die Vielstimmigkeit der Sprachen wird durch den Geist zur Einigkeit im Geist (Eph 4,3) bzw. im Glauben zusammengeführt.

Die erste Strophe von Luthers Lied ist nun die Übernahme einer bereimten Übertragung der Antiphon, die zuerst 1480 in einer Crailsheimer Schulordnung erschien. Luther hat den Text modernisiert und an wenigen Stellen verändert. Dem ganzen, um zwei Strophen erweiterten Lied eignet eine große Geschlossenheit, die sich einer allen drei Strophen ähnlichen Struktur verdankt. Jede Strophe beginnt mit einer Anrede an den Heiligen Geist, der als heiliges Licht (Str. 2) und heilige Glut (Str. 3) charakterisiert und angerufen wird. In jeder Strophe begegnen konkrete Bitten an den Heiligen Geist in Imperativen: *komm – erfüll – entzünd*; *lass leuchten – lehr – behüt*; *hilf – uns bereit – wehr.* Ein weiteres Strukturmerkmal ist die Anrede *O Herr,* mit der jeweils die zweite Strophenhälfte eröffnet wird. Das abschließende doppelte Halleluja ist ebenfalls ein die Strophen verbindendes Element.

Liebe, Licht und Glanz

Wer den Heiligen Geist um sein Kommen bittet, ruft Gott selbst an: *Komm, Heiliger Geist, Herre Gott.* Die Bitten aller drei Strophen bleiben dabei eng am biblischen Zeugnis vom Wirken des Geistes, der lehrt (Str. 2) und tröstet (Str. 3). Im Mittelpunkt der ersten Strophe steht die Liebe, von der der Apostel Paulus an die Gemeinde in Rom schreibt, sie sei »ausgegossen in unsre Herzen durch den Heiligen Geist, der uns gegeben ist« (Röm 5,5b). »Im Glauben haben wir Zugang zu dieser Gnade«, formuliert Paulus wenige Verse zuvor (Röm 5,2). Es ist eine durch und durch biblisch angeregte Sprach- und Gedankenwelt, die im Lied begegnet. Der Motivkreis »brennen« – Liebe, Licht, Glanz, Glut –, der sich aus der Pfingsterzählung und weiteren biblischen Assoziationen ergibt, prägt die erste Strophe und wirkt weiter in den Anfängen der Folgestrophen. So erscheinen die Feuerflammen, die sich auf die Jünger setzten, im zweiten Teil der ersten Strophe in einem anderen sprachlichen Bild: *durch deines Lichtes Glanz / zum Glauben du versammelt hast.*

Luther setzt hier, anders als die Vorlage, neu mit *O Herr* ein und schafft so eine deutliche Gliederung der Strophe. Weggefallen ist die Formulierung *in Einigkeit des Glaubens.* Die Strophenform nötigte hier zu einer Kürzung. Auffällig sind die Alliterationen, die Luther schon in der Vorlage fand und dann in den beiden folgenden Strophen ebenfalls als Stilmittel verwendete. *Gnaden Gut / deiner Gläub'gen*; *Lichtes Glanz / zum Glauben* – die erste Strophe ist durch die Alliteration mit den Wortanfängen *G* geprägt.

Der Geist führt zum rechten Glauben

Du heiliges Licht … lass leuchten uns des Lebens Wort – dies ist, nun durch eine Alliteration mit *L* hervorgehoben, die Hauptbitte der zweiten Strophe. Das Gotteswort führt in das wahre Leben, doch das Wort muss erschlossen werden. Der göttliche Geist ist die Kraft, die das Wort zum Leuchten bringt. Seine Aufgabe ist, zu lehren und in die rechte Gotteserkenntnis zu führen, die sich eben nicht von selbst ergibt oder auch in die Irre geleitet sein kann. Aber Glauben ist viel mehr als Wissen und Verstehen, es geht um die personale Beziehung zu Gott, dem Vater. Der zweite Teil der Strophe nimmt die zeitgenössischen Auseinandersetzungen um den rechten Glauben ins Lied hinein. Luther grenzt sich gegen ein verfälschendes Verständnis des Evangeliums ab, das nicht bei anderen Meistern, sondern nur bei Jesus selbst gesucht werden darf und gefunden werden kann. An ihn zu glauben heißt, ihm *aus ganzer Macht* (= mit aller Kraft) zu vertrauen. Die rechte Lehre ist kein Selbstzweck – es geht um die vertrauende Lebenshingabe. Die Bitte an den Heiligen Geist als *heiliges Licht* richtet sich auf die rechte Gotteserkenntnis und den rechten Gottesglauben, wobei der Erkenntnis der Vater und dem Glauben Jesus, der Sohn, zugeordnet ist.

Der Weg der Glaubenden

Nimmt die zweite Strophe das Gottesverhältnis in den Blick, so wendet sich die dritte Strophe dem Leben in dieser Welt zu. Die ersten Christen »blieben beständig in der Lehre der Apostel und in der Gemeinschaft und im Brotbrechen und im Gebet« (Apg 2,42). *Fröhlich und getrost /in deim Dienst beständig bleiben* ist ein wirksames Gegenmittel gegen Trübsal, Anfeindungen und Zweifel, die uns wegzutreiben drohen. Auch dazu braucht es das Wirken des Geistes, der *heilige(n) Glut.* Und die Bitte wird noch dringlicher: *O Herr, durch dein Kraft uns bereit / und wehr des Fleisches Ängstlichkeit.* Luther hatte gedichtet *und stärk des Fleisches Blödigkeit.* Gemeint sind Schwachheit, Bequemlichkeit oder Faulheit, auch Feigheit, das zu tun, was nötig und als richtig erkannt ist. Diesen Kampf gegen sich selbst, der nicht immer, aber durchaus auch ein Glaubenskampf sein kann, nennt Luther *ritterlich ringen*. Der Glaubensweg ist nicht immer bequem, er bedarf der immerwährenden Unterstützung durch den Heiligen Geist, den *edle(n) Hort*, der Schutz bietet, den *süße(n) Trost*, der die Gewissheit stärkt, dass dieser Weg die Glaubenden am Ende *durch Tod und Leben* zu Gott führt.

Aufmerksamkeit und Dringlichkeit

Die Melodie ist aus vier Zeilen gebildet, die im zweiten Teil der Strophe mit wenigen Abweichungen wiederholt werden. Das abschließende Halleluja in der neunten Zeile hat eine eigene Melodieführung. Der hoch auf der Quinte über dem Grundton einsetzende Beginn der Melodie sorgt für Aufmerksamkeit und verleiht ihr eine vorwärtsstrebende Dringlichkeit, die dadurch unterstützt wird, dass sogleich der höchste Ton der Melodie folgt und dieser Beginn in der zweiten Zeile leicht abgewandelt wiederkehrt. Nur in der ersten Zeile gibt es Halbenoten, die den darunterliegenden Text jeder Strophe hervorheben: *Komm – Geist*; *Du – Licht*; *Du – Glut*. Zugleich zeigt sich hier ein weiteres Merkmal der Melodie, nämlich eine abfallende Quarte von der fünften zur zweiten Tonstufe. Sie begegnet in der 1., 2. und 3., wiederholt dann in der 5., 6. und 7. Melodiezeile. Im ersten Teil der Melodie (Z. 1–4) weist jede Zeile eine andere rhythmische Gestaltung auf, im zweiten Teil ist die Anfangszeile (Z. 5) dem Rhythmus der folgenden angeglichen. Trotz dieser rhythmischen Vielfalt zeichnet sich die Melodie insgesamt durch eine große Geschlossenheit aus. Bis auf den Beginn wird jede Zeile mit einem auftaktigen Achtel eröffnet, von dem aus die Melodie nach oben strebt. Mit Ausnahme der 9. Zeile beginnt jede Melodiezeile mit dem Schlusston der Vorgängerzeile. Das abschließende Halleluja führt die Melodie zum Grundton zurück.

Ilsabe Alpermann

Ausgaben

WA 35, 448f.; 510–512 (Nr. 20)
WA.A 4, 205–209 (Nr. 15)
Heidrich-Schilling 61–64 (Nr. 15)

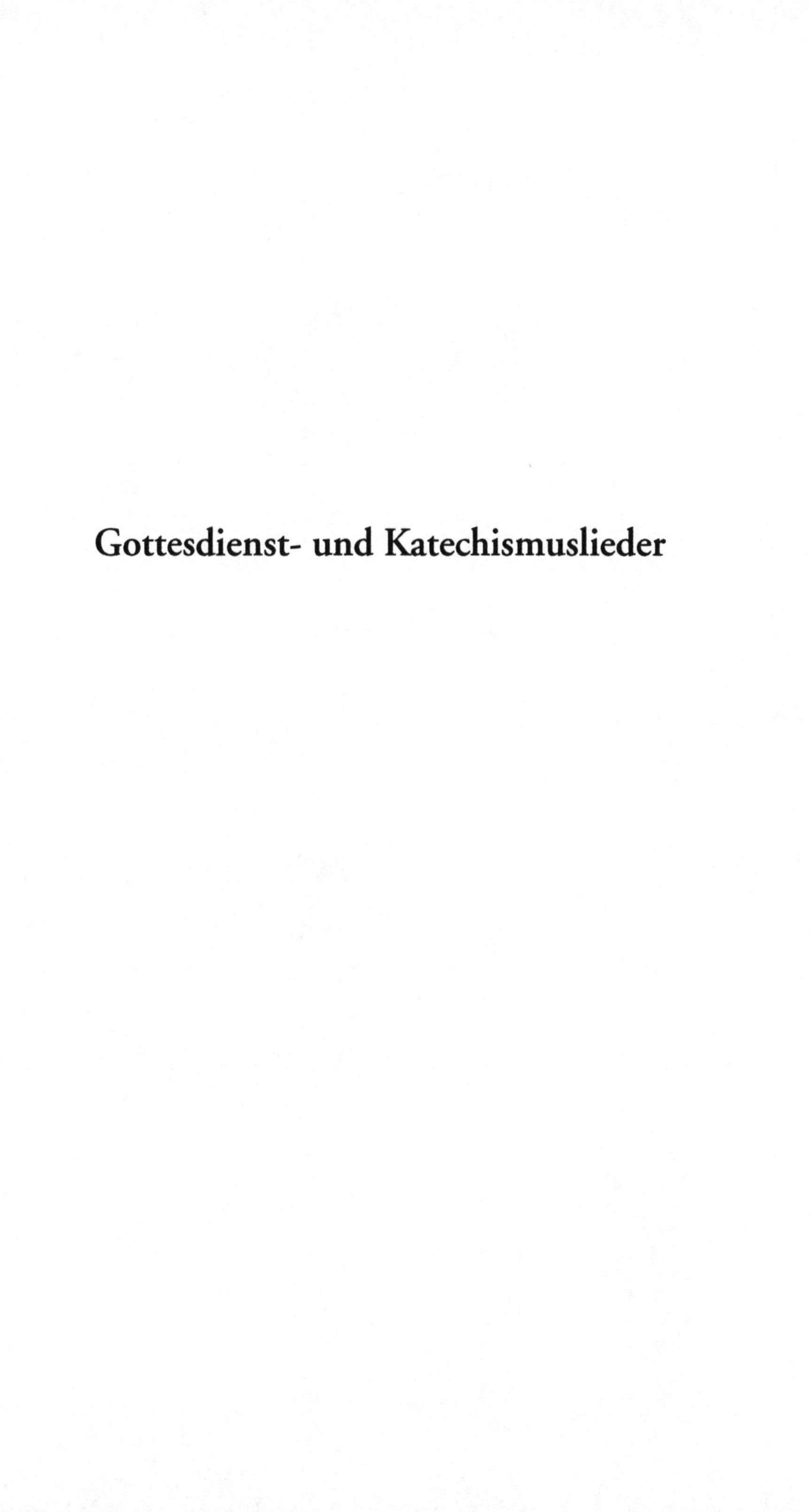

Gottesdienst- und Katechismuslieder

Erhalt uns, Herr, bei deinem Wort (EG 193)

2. Beweis dein Macht, Herr Jesu Christ,
der du Herr aller Herren bist,
beschirm dein arme Christenheit,
dass sie dich lob in Ewigkeit.

3. Gott Heilger Geist, du Tröster wert,
gib deim Volk einerlei Sinn auf Erd,
steh bei uns in der letzten Not,
g'leit uns ins Leben aus dem Tod.

Ein Lied gegen die Bedrohung

Das dreistrophige, trinitarisch gegliederte Lied trägt die Überschrift »Ein Kinderlied, zu singen, wider die zween Ertzfeinde Christi und seiner heiligen Kirchen, den Bapst und Türcken, etc.« Seine genaue Entstehungszeit liegt im Dunkeln. Wahrscheinlich schrieb Luther das Lied 1541 oder 1542, ein Wittenberger Flugblatt von 1542 (bezeugt 1735) ist leider nicht erhalten. Heute stellt das Wittenberger Gesangbuch (Joseph Klug) von 1543 die älteste Quelle dar. Doch wie kam es überhaupt zu dem Lied?

Die sogenannte Türkengefahr hatte wieder zugenommen. Nach dem Tod des ungarischen Vasallenkönigs Johann Zapolya 1541 wandte sich Sultan Suleiman II. (»der Prächtige«) Ungarn militärisch wieder direkt zu. Im August 1541 hatte er den österreichischen König Ferdinand, Bruder Kaiser Karls V., geschlagen, die ungarische Stadt Ofen erobert, das Schloss in Besitz genommen und die Hauptkirche in eine Moschee verwandelt. Nun schien er Front gegen Wien zu machen. In dieser Situation bat der sächsische Kurfürst Johann Friedrich der Großmütige Luther und Bugenhagen, die Prediger zu Predigt und Gebet angesichts der »Türkengefahr« aufzufordern. Luthers Schrift »Vermahnung zum Gebet wider den Türken« entstand. Doch die Lage spitzte sich weiter zu. Schon wurde von einem Bündnis des französischen Königs Franz I. mit dem Sultan gegen den Kaiser gemunkelt, das angeblich auch von Papst Paul III. unterstützt wurde. In dieser unübersichtlichen politischen Situation dürfte Luthers Lied »wider Papst und Türken« entstanden sein.

Aber nicht nur durch die befürchtete politische Verbindung rücken Papst und Türken zu dieser pikanten Allianz zusammen. Luther hatte beide bereits 1530 in einer »Heerpredigt widder den Türcken« als die endzeitlichen Hauptfeinde der Kirche ausgemacht. Er sieht Gemeinsamkeiten zwischen ihnen vor allem in der Äußerlichkeit und Gesetzlichkeit der Religion.

Die Schwachheit der Schwächsten gegen die Stärke der Starken

Es mutet heute seltsam an, dass dieses Lied ein »Kinderlied« sein soll. Für seine Form trifft das zu. Luther verwendet die schlichte Strophenform, die auch in dem weihnachtlichen Kinderlied *Vom Himmel hoch, da komm ich her* (EG 24) begegnet. Die drei kurzen Strophen haben die Anmutung eines leicht zu lernenden Kinderliedes. Der Inhalt gerade der ersten Strophe scheint dazu aber nicht zu passen.

Doch es passt gerade! In einer Tischrede aus der Zeit zwischen April und Juni 1542 sagte Luther: »Betet! *Quia non est spes amplius in armis, sed in Deo.* Wenn dem Turcken imant soll thun, so werdens die armen kindrichen thun, die beten das Vatter vnser etc. Unser wall und buchsen und alle fursten, die werden in wol ungeheit [ungeschoren] lassen«. Den Gebeten aus reinem Kindermund traut Luther mehr zu als allen militärischen Maßnahmen wie Wällen und Büchsen. Die Schwachheit der Schwächsten wird gegen die Stärke der Starken aufgeboten. Dies meint nichts anderes, als sich vollkommen auf Gott, sein Wort und seine Macht zu verlassen und nicht dem eigenen Vermögen, sondern ihm zu vertrauen. Denn *mit unsrer Macht ist nichts getan* – so formulierte Luther im Lied *Ein feste Burg ist unser Gott* (EG 362,2). So wird in der Bezeichnung »Kinderlied« ein Grundanliegen Luthers sichtbar.

Von der Sorge zur Hilfe

Genau dies besagt die Eingangszeile *Erhalt uns, Herr, bei deinem Wort.* Wenn es in der zweiten Zeile der ersten Strophe ursprünglich konkret hieß: *und steur des Bapsts und Türcken Mord*, so war damit gemeint, dass Gott dem »Mordanschlag« dieser beiden »Erzfeinde« auf den Thron Christi durch sein Wort Einhalt gebieten möchte. Durch beide »Erzfeinde« sah Luther den wahren Glauben an Christus als Gottessohn tödlich bedroht. »Steuern« bedeutet im Frühneuhochdeutschen »wehren«, »Einhalt gebieten«. Luthers Sorge war, dass der eine Erzfeind Christus von außen und der andere ihn von innen vom Gottesthron stürzen könnte – für ihn eine endzeitliche Schreckensvision.

Ganz in diesem Sinne wendet sich die zweite Strophe nun direkt an Jesus Christus, den Herrn aller Herren, mit der Bitte: *Beschirm dein arme Christenheit,* was so viel heißt wie »behüte«, »bewahre«. Mit der Christenheit ist die ganze Christenheit gemeint, denn auch die so genannten Altgläubigen waren Christen. Und dass Christen Gott nichts Anderes geben können als Lob und Dank, hat Luther immer wieder betont: *Des freu sich alle Christenheit / und dank ihm des in Ewigkeit* – so endet das Weihnachtslied *Gelobet seist du, Jesu Christ* (EG 23,7).

Die Bezeichnung und Anrufung des Heiligen Geistes als *Tröster* in der dritten Strophe kennen wir aus Luthers Pfingstliedern. Mit diesem Wort ist der Geist nach damaligem Verständnis auch als Helfer und Ratgeber angesprochen, der seinem Volk *einerlei Sinn* geben soll. Wie weit sich das *Volk* erstreckt, bleibt offen. Blicken wir auf Luthers Glaubenslied *Wir glauben all an einen Gott* (EG 183), so finden wir dort in der dritten Strophe eine ähnlich Aussage über den Heiligen Geist, der *die ganz Christenheit auf Erden / hält in einem Sinn gar eben.* Deutlich ist, dass sich die Bitte um *einerlei Sinn* gegen das viele unnütze Streiten und Bekriegen richtet. Mit der Bitte *g'leit uns ins Leben aus dem Tod* schließt das Lied mit einem hoffnungsvollen Blick über den Tod hinaus in die Ewigkeit.

Eine Melodie im Bittgestus

Der Text ist mit einer Melodie verbunden, die Luther aus dem alten Hymnus des Ambrosius von Mailand *Veni redemptor gentium* geformt hat. Sie begegnet uns außer in *Nun komm, der Heiden Heiland* (EG 4) noch in *Verleih uns Frieden gnädiglich* (EG 421) – Luther ergänzte sie dort allerdings um eine fünfte Zeile. Sowohl für seine Übertragung des Ambosianischen Hymnus als auch für *Erhalt uns, Herr, bei deinem Wort* bearbeitete er die Melodie – doch auf je verschiedene Weise. Die Vermutung Andreas Martis, dass Luther diesen Hymnus wegen des Völkerthemas rezipierte, ist schlüssig.

Marti hat auch auf den Bittgestus der Melodie hingewiesen, der sich in dem von der Vorlage abweichenden Terzgang in den beiden Anfangszeilen manifestiert. In der dritten Zeile erreicht die Weise bei der Silbe *Chri-(stus)* sogar die siebente Tonstufe, wodurch insgesamt der Oktavraum durchschritten wird. Damit entfernt sich Luther von dem mehr rezitativen gregorianischen Sprechgesang seiner Vorlage. In der vierten Zeile bewegt sich die Weise textgemäß (*stürzen von deinem Thron*) wieder nach unten und unterstreicht damit abermals die »unmittelbare Einheit von Wort und Melodieerfindung« (Fr. Blume). Die gleichsam äolische Melodie (die Erhöhung des vorletzten Tones erfolgte erst später) liegt uns in zwei Versionen vor. Die ältere Quelle, das Klugsche

Gesangbuch von 1543, überliefert eine Fassung in Choralnotation, dagegen bietet das Babstsche Gesangbuch von 1545 eine mensurierte Fassung. Die Melodiefassung im Evangelischen Gesangbuch von 1993 lehnt sich in der Melodieführung an die Klugsche, im Metrum (lange Zeilenanfangs- und Schlussnoten) an die Babstsche Fassung an.

Bernhard Schmidt

Ausgaben

WA 35, 467f.; 528 (Nr. 32)
WA.A 4, 304f. (Nr. 38)
Heidrich-Schilling 134-137 (Nr. 33)

Dies sind die heilgen zehn Gebot (EG 231) Mensch, willst du leben seliglich

Zwei Zehn-Gebote-Lieder

Nach heutigem Erkenntnisstand sind die zehn Gebote (5. Mose 5,6–21) der Katechismus der Reformbewegung des biblischen Königs Josia im 7. Jahrhundert vor Christus gewesen, jenes Projekts also, das alle Heiligtümer im Land zugunsten des einen Tempels in Jerusalem auflöste (2. Kön 23,5–15). Das war ein in der Antike schlechthin revolutionärer Vorgang, bei dem gleichzeitig mit einem flächendeckenden religionspädagogischen Programm dafür gesorgt wurde, dass Eltern ihren Kindern ein religiöses Grundwissen weitergeben konnten und weitergaben (vgl. 5. Mose 6,6–7 und öfter im 5. Mosebuch). Gott ist nach diesem für damalige Zeiten revolutionären Verständnis nicht nur im zentralen Kult in Jerusalem anwesend, der für viele kaum regelmäßig erreichbar ist, sondern auch in der Frömmigkeitspraxis des Alltags vor Ort, nicht zuletzt im Erlernen und Pflegen des religiösen Grundwissens. Die Zehn Gebote: das Konzentrat des Grundwissens als Lern- und Merktext, memorierbar an den zehn Fingern.

Auch im Christentum gehören die Zehn Gebote von Anfang an zum religiösen Grundwissen, das im Mittelalter auch in manchen Gottesdiensten nach der Predigt zusammen mit anderen Stücken gemeinsam aufgesagt, gelernt, verinnerlicht, gepflegt wird. Auch in den Umbrüchen, die die Reformation bedeutet, werden starke religionspädagogische Impulse gesetzt. Keine Freiheit ohne Bildung. Weil Religionspädagogik ohne Singen nicht vorstellbar ist, wendet sich Luther, nachdem er 1523 mit dem Schreiben von Liedern angefangen hatte, alsbald den klassischen Katechismusstücken zu, um sie in Lieder umzuformen. Im Singen sind die Dinge noch leichter zu behalten, abrufbar, einfacher memorier- und meditierbar, und wer will so ein hochkarätiges Lied wie das zur Taufe (EG 202) oder zum Abendmahl (EG 215) beim ersten Mal ganz erfasst haben? Mit den gesungenen Zehn Geboten ist es nicht anders. Das muss man mehrfach singen, sprechen, in den Mund nehmen, kauen, regelrecht wiederkäuen, und tatsächlich nannten die Mönche im Mittelalter diesen spirituellen Wiederhol-Vorgang »Wiederkäuen« – *ruminatio*. Für jedes der Katechismusstücke schreibt Luther ein Lied – und für die zehn Gebote zwei. Beide gehören zu den ersten Liedern, die Luther 1523/24 schrieb. Wir sprechen vom großen und vom kleinen Zehn-Gebote-Lied.

Das große: Dies sind die heilgen zehn Gebot (EG 231)

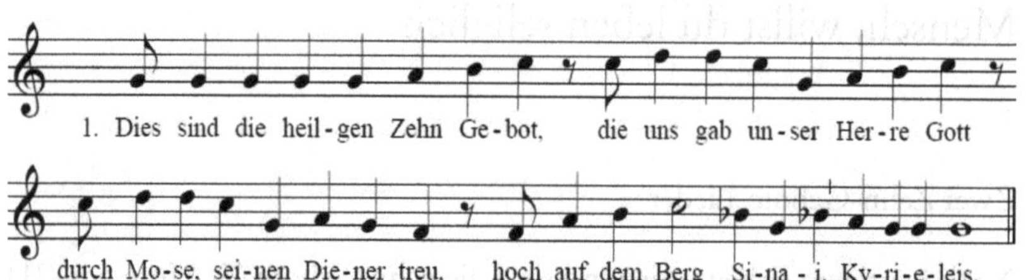

2. Ich bin allein dein Gott, der Herr,
kein Götter sollst du haben mehr;
du sollst mir ganz vertrauen dich,
von Herzensgrund lieben mich.
Kyrieleis.

3. Du sollst nicht brauchen zu Unehrn
den Namen Gottes, deines Herrn;
du sollst nicht preisen recht noch gut,
ohn was Gott selbst red't und tut.
Kyrieleis.

4. Du sollst heilgen den siebten Tag,
dass du und dein Haus ruhen mag;
du sollst von deim Tun lassen ab,
dass Gott sein Werk in dir hab.
Kyrieleis.

5. Du sollst ehrn und gehorsam sein
dem Vater und der Mutter dein
und wo dein Hand ihn' dienen kann;
so wirst du langes Leben han.
Kyrieleis.

6. Du sollst nicht töten zorniglich,
nicht hassen noch selbst rächen dich,
Geduld haben und sanften Mut
und auch dem Feind tun das Gut.
Kyrieleis.

7. Dein Eh' sollst du bewahren rein,
dass auch dein Herz kein' andern mein,
und halten keusch das Leben dein
mit Zucht und Mäßigkeit fein.
Kyrieleis.

8. Du sollst nicht stehlen Geld noch Gut,
nicht wuchern jemands Schweiß und Blut;
du sollst auftun dein milde Hand
den Armen in deinem Land.
Kyrieleis.

9. Du sollst kein falscher Zeuge sein,
nicht lügen auf den Nächsten dein;
sein Unschuld sollst auch retten du
und seine Schand decken zu.
Kyrieleis.

10. Du sollst deins Nächsten Weib und Haus
begehren nicht, noch etwas draus;
du sollst ihm wünschen alles Gut,
wie dir dein Herz selber tut.
Kyrieleis.

11. All die Gebot uns geben sind,
dass du dein Sünd, o Menschenkind,
erkennen sollst und lernen wohl,
wie man vor Gott leben soll.
Kyrieleis.

12. Das helf uns der Herr Jesus Christ,
der unser Mittler worden ist;
es ist mit unserm Tun verlorn,
verdienen doch eitel Zorn.
Kyrieleis.

Das *große – Dies sind die heilgen zehn Gebot* (EG 231) – steht im Evangelischen Gesangbuch bezeichnenderweise in der Rubrik der Beichtlieder. Im Lied werden denn auch die zehn Gebote nicht einfach poetisch durchbuchstabiert, sondern Luther bettet sie ein in eine Deutung, die schon lange vor ihm üblich war, nämlich die Zehn Gebote als sogenannten Beichtspiegel zu verstehen, als Prüfstücke für das eigene Verhalten: Wer bin ich im Spiegel der Zehn Gebote?

Bei den zwölf Strophen des Liedes werden die Zehn Gebote nach einer Eröffnungsstrophe in neun Strophen abgehandelt und mit zwei zusätzlichen Strophen abgeschlossen. Jede Strophe enthält in vier Zeilen das Gebot und eine Auslegung, die einen Weg eröffnet, der mit dem Gebot gegangen werden kann, einmündend in den Kyrie-Ruf am Ende der Strophe. Jedes Verbot wird positiv gewendet, d.h. jede Verpflichtung, etwas zu unterlassen, gewendet in eine Aufforderung, etwas zu tun. Nach mittelalterlicher Tradition hat Luther das zweite Gebot, das Bilderverbot, weggelassen, weil wir ja in Christus ein Bild Gottes haben, und ursprünglich durch Aufteilung des letzten Gebotes »Du sollst nicht begehren« in zwei die Zehnzahl wiederhergestellt. Im Lied kommen nun diese beiden letzten Gebote wieder in einer Strophe zusammen, daher nur neun Strophen für die Zehn Gebote.

Sündenerkenntnis und Handlungsanleitung

Nach der Einleitung (Str. 1), die die Sinai-Szenerie aufruft, werden nun die Gebote durchbuchstabiert und ethisch zugespitzt: Gott aus tiefstem Herzen vertrauen (Str. 2), nichts gutheißen, *ohn* (= außer) *was Gott selbst red't und tut* (Str. 3), am arbeitsfreien Tag Gott sein Werk *in dir* tun lassen (Str. 4), Vater und Mutter ehren, das einzige Gebot mit einer Verheißung (Str. 5), nicht hassen, sich nicht selbst rächen, sondern geduldig sein, Feindesliebe üben (Str. 6), in der ehelichen Beziehung das Herz rein halten (Str. 7), keinen Zins nehmen, sondern sich in der Armenfürsorge engagieren (Str. 8), nicht nur kein falsch Zeugnis reden, sondern sich für die Reputation des Nächsten einsetzen (Str. 9), und nicht begehren, was der Nächste hat, sondern ihm wünschen, was das eigene Herz sich selbst wünscht (Str. 10).

Str. 11 macht die beiden *usus,* die beiden Gebräuche der Gebote komprimiert deutlich: Sündenerkenntnis und Handlungsleitung. Die Schlussstrophe ruft mit dem Zorn in Erinnerung, dass Gott auf sein in den Zehn Geboten komprimiert gesetztes Recht insistiert, dass der Mensch aber, wie jede Erfahrung zeigt, aus eigenem Wirken Gottes Recht nie komplett einhält. Der Glaube an Christus befreit aus diesem Laufrad. Mit dieser christologischen Pointe schließt das Lied.

Proviant auf der Lebensreise

Für die Wittenberger Sonntagnachmittagsgottesdienste, in denen zu Luthers Zeiten regelmäßig über Abschnitte aus dem Katechismus gepredigt wurde, wurde in der Kirchenordnung von 1533 festgelegt, dass vor der Predigt das große, nach der Predigt das kleine Zehn-Gebote-Lied zu singen sei.

Die Melodie gibt dem Lied noch eine interessante Richtung. Sie wird übernommen von dem Lied *In Gottes Namen fahren wir* (EG 498), einem alten Pilger- und Wallfahrerlied, das man »auf Reisen« gesungen hat. Wenn man die Zehn Gebote als spirituellen Proviant auf der Lebensreise versteht, als *Vademecum*, das einen auf dem Weg des Lebens begleitet, dann kommt in der Melodie noch ein wesentliches Moment zum Ausdruck. Dass die Gebote ihrem Charakter nach gute Wegweisung bzw. Wegweiser sind, entspricht der traditionellen jüdischen Auffassung von den Geboten Gottes.

Das kleine: Mensch, willst du leben seliglich

2. Dein Gott allein und Herr bin ich,
kein ander Gott soll irren dich.
Trauen soll mir das Herze dein.
Mein eigen Reich sollst du sein.
Kyrieleis.

3. Du sollst mein Namen ehren schon
und in der Not mich rufen an
Du sollst heilgen den Sabbattag,
dass ich in dir wirken mag.
Kyrieleis.

4. Dem Vater und der Mutter dein
sollst du nach mir gehorsam sein,
niemand töten noch zornig sein
und deine Ehe halten rein.
Kyrieleis.

5. Du sollst ei'm andern stehlen nicht,
auf niemand Falsches zeugen nicht,
deines Nächsten Weib nicht begehrn
und all sein Gut gern entbehrn.
Kyrieleis.

Das andere Zehn-Gebote-Lied steht nicht im Evangelischen Gesangbuch, es ist ein poetisches Meisterwerk, eine Perle.

Es wird erstmals gedruckt im »Geistlichen Gesangbüchlein«, das Johann Walter 1524 herausgibt, und steht wie das große Zehn-Gebote-Lied in allen Gesangbüchern der damaligen Zeit. Der Reformator Johannes Bugenhagen berichtet, dass bei Katechismusgottesdiensten 1525 in Wittenberg der Knabenchor als stehendes Lied vor den Predigten *Dies sind die heilgen zehn Gebot*, also das große, und nach den Predigten *Mensch willst du leben seliglich*, also das kleine, gesungen hat.

Lebensregel und Kyrieeleis

Die fünf Strophen sind stets zweigeteilt gebaut im selben vierzeiligen Versmaß aus zwei Reimpaaren mit drei achtsilbigen Zeilen und einer siebensilbigen mit angehängtem Kyrieleis.

Die erste Strophe, ein Fünftel des ganzen Liedes, enthält nur die Einleitung: die Zehn Gebote als Wegweisung zur Seligkeit. Der im großen Zehn-Gebote-Lied ausdrücklich gemachte Christusbezug ist hier implizit und unausgesprochen enthalten in den Stichworten *seliglich* und im Ruf *Kyrieleis* – »Herr, erbarme dich« am Ende jeder Strophe, denn Christus kommt der Titel des »Herrn« zu.

Nun besteht der meisterliche poetische Kniff darin, dass die weiteren Strophen des Liedes in ansteigender Anzahl ein, zwei, drei und vier Gebote enthalten: Die zweite Strophe enthält nur das 1. Gebot, das grundlegende, das wichtigste Gebot. Die dritte Strophe enthält das 2. und 3. Gebot, die vierte Strophe das 4., 5. und 6. Gebot, die fünfte Strophe schließlich die Gebote 7, 8, 9 und 10, jeweils immer weiter komprimiert. Je zwei Strophen umfassen also eine Gebotetafel nach der Auffassung, dass auf der einen Tafel die ersten drei, die auf Gott bezogenen, auf der andern die restlichen sieben, auf die Welt bezogenen Gebote stehen.

Hier in der Kurzfassung fungieren die Gebote als Lebensregel, die bei jedem Strophenende aber in ein *Kyrieleis* ausläuft – »Herr, erbarme dich«. Im Singen ereignet sich so eine fortschreitende Verdichtung der Gebote des Dekalogs. Ob diese Fassung besonders für Kinder gedacht war? Lern- und Merkbarkeit mit einer Zusammenfassung auf kleinstem Raum stehen jedenfalls im Vordergrund.

Das kleine Zehn-Gebote-Lied wurde gern nach der Melodie des großen Zehn-Gebote-Liedes gesungen (EG 231). Luther wollte es ursprünglich auch so. Aus der Reformationszeit sind aber weitere Melodien überliefert. Im Erstdruck des Liedes in Johann Walters Geistlichem Gesangbüchlein von 1524 steht das Lied mit der hier mitgeteilten und von Johann Walter eigens geschaffenen neuen Melodie, denn Walter wollte jedem Text seine eigene Weise geben. Sie lohnt sich zu lernen!

Bernhard Leube

Ausgaben

WA 35, 426–428; 495–497 (Nr. 6) und 428f.; 497 (Nr.7)
WA.A 4, 149–153 (Nr. 1) und 226–228 (Nr. 20)
Heidrich-Schilling 11–14 (Nr. 1) und 82–84 (Nr. 20)

Wir glauben all an einen Gott (EG 183)

2. Wir glauben auch an Jesus Christ,
seinen Sohn und unsern Herren,
der ewig bei dem Vater ist,
gleicher Gott von Macht und Ehren,
von Maria, der Jungfrauen,
ist ein wahrer Mensch geboren
durch den Heilgen Geist im Glauben;
für uns, die wir warn verloren,
am Kreuz gestorben und vom Tod
wieder auferstanden durch Gott.

3. Wir glauben an den Heilgen Geist,
Gott mit Vater und dem Sohne,
der aller Schwachen Tröster heißt
und mit Gaben zieret schöne,
die ganz Christenheit auf Erden
hält in einem Sinn gar eben;
hier all Sünd vergeben werden;
das Fleisch soll auch wieder leben.
Nach diesem Elend ist bereit'
uns ein Leben in Ewigkeit.
Amen.

Das Credo-Lied als Glaubenshaus

In Wittenberg, wo die meisten Lieder von Martin Luther entstanden sind, ist es gute Tradition geworden, dass in der Stadtkirche im Festgottesdienst am Reformationstag das Glaubenslied *Wir glauben all an einen Gott* gesungen wird. Bereits in der Ordnung der »Deutschen Messe« von 1526 setzt Martin Luther an die Stelle des traditionellen lateinischen Nizänischen Glaubensbekenntnisses sein »deutsches Credo«. Es entfaltet in drei Strophen den christlichen Glauben an den dreifaltigen Gott im Blick auf die Schöpfung (Strophe 1), auf die Erlösung (Strophe 2) und auf die Heiligung (Strophe 3). Das von der Festgemeinde am Reformationstag gesungene Glaubenslied führt in eine doppelte Erfahrung: Auf's erste Singen wirkt Martin Luthers »deutsches Credo« altertümlich, langatmig, schwerfällig und mitunter schwermütig; doch je öfter man das Glaubenslied singt und mit ihm vertraut wird, desto tiefer dringt man in ein Wort- und Klangerlebnis ein. Es gibt Lieder, die die Singenden in ihre Welt aufnehmen und in denen man wohnen kann. Das gesungene Credo ist weit mehr als ein katechetischer Lehr- und Lerntext. Es ist ein Glaubenshaus, gebaut aus Wort und Gesang, das man wie ein geheimnisvolles Gebäude betreten und in dem man Wohnung finden kann. Im Glauben wohnen und heimisch werden, das vermag das in Musik gefasste Wort – das gesungene Wort.

Eine bedeutende Melodieschöpfung

Wie häufig in seinem Liedschaffen hat Martin Luther eine spätmittelalterliche Vorlage aufgegriffen und diese zu drei zehnzeiligen Strophen umgearbeitet. Der Gedankenbogen reicht vom Leben auf *Erden* (Strophe 1) bis zum *Leben in Ewigkeit* (Strophe 3). Die Strophen sind im Paarreim gefasst und gleichmäßig gegliedert: Auf die Prädikation der jeweiligen göttlichen Person (Zeilen 1–4) folgt die Entfaltung der jeweiligen Heilstat (Zeilen 5–10). Die Zäsur wird in Zeile 5 durch den Neueinsatz der Melodie auf der oberen Tonika markiert.

Die Melodie findet sich erstmals im Wittenberger Chorgesangbuch von 1524 abgedruckt und stammt vermutlich von Johann Walter (1496–1570), einem mit Martin Luther befreundeten Kantor. Die Melodie in der vorliegenden Gestalt, für die sich ebenfalls Vorlagen aus dem 16. Jahrhundert nachweisen lassen, zählt zu den bedeutendsten Schöpfungen der Reformationszeit. Sie ist grundsätzlich syllabisch eingerichtet – gleichsam jede Wortsilbe im Credo zählt und erhält ihr eigenes Gewicht – und wird durch eine melismatische Figur auf dem Eingangswort *Wir* und auf dem Schlusswort *Amen* gerahmt (das mit Noten versehene *Amen* ist allerdings ein späterer Zusatz, der sich in den frühen Wittenberger Gesangbüchern nicht findet). Weitere markante Kennzeichen der Melodie sind der große Tonumfang, Wechselnoten, Skalengänge aufwärts wie abwärts, Punktierungen (vgl. *kein Leid*) oder Quint-

und Quartsprünge. Immer wieder kehrt die Melodie zum Grundton zurück, der das Fundament des Tongefüges bildet.

Die drei Strophen im Sinne der drei Artikel des Glaubensbekenntnisses werden auf ein und dieselbe Melodie gesungen. Bei wechselndem Strophentext vollzieht der gleich bleibende Strophengesang, was die Trinitätstheologie besagt: In der dreifachen Gestalt des Vaters, des Sohnes und des Heiligen Geistes äußert sich der eine und selbe Gott. Die gleichbleibende Melodie hält wie ein trinitätstheologischer Taktgeber die drei göttlichen Personen mit ihren wechselnden Werkstücken der Schöpfung, der Erlösung und der Heiligung zusammen und ineins.

Das Wir der Gemeinde im Bekenntnis

Das melismatisch ausgestaltete *Wir* lässt jede Strophe betont und selbstbewusst einsetzen. Eine Beanspruchung des *Wir* als ein gemeindliches im Sinne der Reformation scheint an dieser Stelle freilich übermotiviert, geht doch die melismatische Gestaltung auf eine vorreformatorische Vorlage zurück. Wie dem auch sei: Der überkommene markante Einsatz widerspricht nicht den reformatorischen Anliegen wie etwa dem Grundsatz vom »Priestertum aller Gläubigen«, das sich gegen die Klerikalisierung und Ämterhierarchie in der spätmittelalterlichen Kirche richtet. Dementsprechend soll das Glaubensbekenntnis nicht mehr vom Priester allein, sondern von der versammelten Gemeinde als dem unvertretbaren Kirchenvolk angestimmt werden – beispielsweise in Gestalt des »Deutschen Credo« Martin Luthers. Bekennt die christliche Gemeinde den Glauben, wird aus den vielen Gliedern ein gemeindliches *Wir*. Nicht die Übereinstimmung der Vorlieben oder Interessen, nicht die Herkunft aus dem gleichen Gesellschaftsmilieu oder Landstrich, nicht die Übereinkunft in religiösen oder politischen Fragen macht eine Gemeinde zur Gemeinde. Das *Wir* der Gemeinde fügt sich dort, wo man miteinander den Glauben wie mit einer Stimme bekennt – im gemeinsamen Gesang und Rhythmus. Das betonte *Wir* im Akt des gesungenen Glaubensliedes befreit dazu, als Gemeinde in äußeren Fragen in Vielfalt und auch mit Differenzen leben zu können.

Die Liebesgeschichte Gottes mit den Menschen

Die erste Strophe entfaltet den Glauben an Gott, den Schöpfer, nicht lehrhaft von oben herab, sondern dem Leben zugewandt. Der Schöpfer wird in seinem väterlichen Behüten und Bewahren offenbar. Es wird geradezu eine Liebesgeschichte zwischen dem fürsorglichen Vater, der *ernährt, bewahrt, Unglück wehrt, sorget, hüt' und wacht,* und seinen behüteten Kindern erzählt.

Die zweite Strophe handelt vom Glauben an Gott, den Erlöser, und erweitert die Liebesgeschichte Gottes mit den Menschen durch die Erinnerung an *Jesus Christ.* Dessen Wirken zielt auf ein selbstloses *für uns*: Die Verlorenheit der Menschen, die das wahre Leben suchen, nimmt der *am Kreuz gestorbene* Sohn Gottes auf sich und öffnet einen für unmöglich erachteten Lebensgewinn: *vom Tod wieder auferstanden durch Gott.* Die Einheit von Gottheit (*gleicher Gott*) und Menschheit (*wahrer Mensch*) wird durch den Kreislauf der Strophen versinnbildlicht. Der Heilsbogen des Sohnes beginnt und endet beim himmlischen Vater (Zeilen 1–4 und Zeile 10) und wird in seinem Mittellauf – sozusagen am unteren Bogensegment – von der irdischen Spanne zwischen Geburt und Tod bestimmt (Zeilen 5–9).

Die dritte Strophe besingt den Glauben an Gott, den Heiligen Geist, und betont gemäß dem Nizänischen Glaubensbekenntnis dessen Gottgleichheit: *Gott mit Vater und dem Sohne.* Die Tradition spricht ebenfalls vom Heiligen Geist als *Tröster* und von dessen vielfältigen *Gaben* – etwa *in einem Sinn* die *Christenheit* zu lehren, womit einerlei Gesinnung gemeint ist. Wo Menschen zu sich selbst, zum Nächsten und zu Gott finden, wo also die Sünde keine Macht mehr hat (*hier all Sünd vergeben werden*), leuchtet bereits ein Stück vom *Leben in Ewigkeit* auf. Noch aber steht dieses aus. Noch lebt der Mensch immer auch im *Elend*, das heißt am Ort der Not, der Fremde, der Gottesferne.

Singendes Verstehen des Glaubens

Martin Luthers Glaubenslied treibt Theologie in, mit und unter Gesang. Hier geht es nicht um ein rein begriffliches Verstehen von abrufbarem Katechismuswissen. Vielmehr geht es um ein singendes Verstehen, das Glaubensworte aufklingen lässt, in denen man Heimat finden und Wohnung nehmen kann. Das Heimischwerden im Bekenntnis braucht wie alles Heimischwerden an neuen Orten Zeit und Geduld. Mit jedem erneuten Singen nistet sich Martin Luthers Glaubenslied in Geist, Körper und Seele ein. Es gibt Wahrheiten, die brauchen hohe Worte und tiefgründige Melodien, um sich in ihrer ganzen Fülle zu entfalten. Manchmal leuchtet der Sinn gesungener Worte erst Jahre später auf, wenn sie vom Gedächtnis in die Seele wandern. Manchmal lässt erst die gewonnene und auch erlittene Lebenserfahrung gesungene Worte wahr und lebendig werden.

In einer Zeit, die mit gedruckten, gesendeten und bebilderten Texten übersättigt ist – Zeitkritiker sprechen vom *verbal overshadowing* –, wirkt Martin Luthers Glaubenslied wie ein Fremdkörper. Es ist kein bloßer Informationsträger, der seine Wahrheit jederzeit auf Abruf preisgibt. Denn es ist ein Glaubenshaus gebaut aus Wort und Gesang, das die aufnimmt, die es immer wieder neu singen. Dann mag es dazu kommen, dass man unter dem Geröll der vielen Wörter *das* Wort zu entdecken vermag, in dem die Wahrheit Gottes aufklingt und in dem die eigene Seele wohnen kann. Martin Luthers Glaubenslied öffnet dafür seine Türen. Allerdings muss man zuerst mit ihm in die Fremde ziehen, bevor man darin heimisch werden kann.

Johannes Block

Ausgaben

WA 35, 451f.; 513–515 (Nr. 22)
WA.A 4, 238–241 (Nr. 24)
Heidrich-Schilling 94–97 (Nr. 24)

Vater unser im Himmelreich (EG 344)

2. Geheiligt werd der Name dein,
dein Wort bei uns hilf halten rein,
dass auch wir leben heiliglich,
nach deinem Namen würdiglich.
Behüt uns, Herr, vor falscher Lehr,
das arm verführet Volk bekehr.

3. Es komm dein Reich zu dieser Zeit
und dort hernach in Ewigkeit.
Der Heilig Geist uns wohne bei
mit seinen Gaben mancherlei;
des Satans Zorn und groß Gewalt
zerbrich, vor ihm dein Kirch erhalt.

4. Dein Will gescheh, Herr Gott, zugleich
auf Erden wie im Himmelreich.
Gib uns Geduld in Leidenszeit,
gehorsam sein in Lieb und Leid;
wehr und steu'r allem Fleisch und Blut,
das wider deinen Willen tut.

5. Gib uns heut unser täglich Brot
und was man b'darf zur Leibesnot;
behüt uns, Herr, vor Unfried, Streit,
vor Seuchen und vor teurer Zeit,
dass wir in gutem Frieden stehn,
der Sorg und Geizens müßig gehn.

6. All unsre Schuld vergib uns, Herr,
dass sie uns nicht betrübe mehr,
wie wir auch unsern Schuldigern
ihr Schuld und Fehl vergeben gern.
Zu dienen mach uns all bereit
in rechter Lieb und Einigkeit.

7. Führ uns, Herr, in Versuchung nicht,
wenn uns der böse Geist anficht;
zur linken und zur rechten Hand
hilf uns tun starken Widerstand
im Glauben fest und wohlgerüst'
und durch des Heilgen Geistes Trost.

8. Von allem Übel uns erlös;
es sind die Zeit und Tage bös.
Erlös uns vom ewigen Tod
und tröst uns in der letzten Not.
Bescher uns auch ein seligs End,
nimm unsre Seel in deine Händ.

9. Amen, das ist: Es werde wahr.
Stärk unsern Glauben immerdar,
auf dass wir ja nicht zweifeln dran,
was wir hiermit gebeten han
auf dein Wort, in dem Namen dein.
So sprechen wir das Amen fein.

Anleitung zur Mündigkeit im Glauben

Katechismusfrömmigkeit ist seit längerem nicht mehr angesagt – als ob sich das Gottesverhältnis nicht auch und gerade an Texten bildete, die den Christenmenschen vorgegeben und damit aufgegeben sind. Wie man mit und aus Worten der Heiligen Schrift lebt, so kann man auch aus geformten Texten der Überlieferung seinen Glauben leben, indem man ihn ausspricht und damit aussagt und dann vielleicht auch zu eigenen Formulierungen kommt – der Katechismus will ja nichts anderes sein als eine Sprachschule des Glaubens.

Luther war daher seit den Anfängen seiner Schriftstellerei daran gelegen, die tradierten Hauptstücke des christlichen Glaubens, die Zehn Gebote, das Glaubensbekenntnis und das Vaterunser – und dann dazu die beiden Sakramente Taufe und Abendmahl – so zur Sprache zu bringen, dass andere Christen daran verstehen konnten und sollten, was sie glauben. Katechismus ist Anleitung zur Mündigkeit im Glauben.

Während so seit 1520 katechetische Schriften entstanden, wurden die Katechismusstücke erst später zu Liedern geformt. Die beiden Lieder über die Zehn Gebote entstanden 1523/24, ebenso das Glaubenslied *Wir glauben all an einen Gott.* Das Lied *Vater unser im Himmelreich* aber gehört nicht zu diesen Erstlingen der Schöpfung, sondern ist erst nach den großen Anstrengungen an den Katechismen und an dem Wittenberger Gemeindegesangbuch des Jahres 1529, dem Klugschen Gesangbuch, das das Lied noch nicht enthält, auch nicht in der erhaltenen Ausgabe von 1533, entstanden – zuerst im Druck begegnet es 1539 in einem Einblattdruck und in einem Gesangbuch Valentin Schumanns aus demselben Jahr. Für dieses Lied hat sich sogar – ein seltener Fall, nur von *Vom Himmel kam der Engel Schar* haben wir auch ein Autograph Luthers – ein eigenhändiger Entwurf des Reformators erhalten, noch dazu mit einer – von ihm selbst wieder gestrichenen, also verworfenen – Melodie.

Auslegung der Heiligen Schrift

Es ist ein Katechismuslied, wie schon der erste Gesangbuchdruck bezeugt: »Das Vater unser kurz ausgelegt und in Gesangweise gebracht durch Doctor Mart. Luth.« lautet die Überschrift in Schumanns Gesangbuch 1539. Und im Gesangbuch des Wittenberger Druckers Joseph Klug 1543 werden die Katechismuslieder wie folgt eingeleitet: »Nun folgen geistliche Gesänge, in denen der Katechismus kurz zusammengefasst ist; denn wir wollten ja gern, dass die christliche Lehre auf allerlei Art und Weise, durch predigen, lesen, singen usw. fleißig getrieben und immer den jungen und noch unbelehrten Leuten eingebildet und auf diese Weise immer weiter rein erhalten und auf unsere Nachkommen gebracht würde.« Im Bapstschen, dem letzten zu Luthers Lebzeiten erschienenen Gesangbuch von 1545 lautet die Überschrift: »Das Vaterunser kurz und gut ausgelegt und in Gesangsweise gebracht durch D. Martin Luther.« Das Lied ist also Auslegung, Auslegung der Heiligen Schrift, denn seine Vorlage ist ein Text, ja, sind Worte der Heiligen Schrift. »Kurz und gut ausgelegt« – das trifft die Intention Luthers auch sonst – in dieser Auslegung erschließt sich für Luther der Sinn des Herrengebets. Und für die singende Gemeinde soll es nicht anders sein. Die Struktur des Liedes ist klar: Eingangs- und Schlussstrophe, Anrede und Amen rahmen die sieben Bitten, denen je eine Strophe entspricht.

Einträchtig miteinander beten

Für den Eingang des Liedes (Str. 1) ist entscheidend: Der Vater im Himmel wird *gemeinsam* angerufen – das gesungene Gebet ist ein Gebet der je und je versammelten singenden Christen, die damit zugleich zu Hörern werden. Sie hören einander und aufeinander und legen im Singen einander die Schrift aus. Dass das Gebet der Vielen kräftiger ist als das des Einzelnen, betont Luther in seiner Einweihungspredigt der Torgauer Schlosskirche im Oktober 1544: »Und hier ist der Vorteil – wenn Christen so zusammen kommen, dass das Gebet noch einmal so stark geht wie sonst. Man kann und soll wohl überall, an allen Orten und alle Stunde beten, aber das Gebet ist nirgends so kräftig und stark, als wenn der ganze Haufen einträchtig miteinander betet« (WA 49, 593,23–26).

Die Auslegung der sieben Bitten weist vielfältige Beziehungen zu den Auslegungen im Kleinen Katechismus auf. Die Bitte um die Heiligung des Namens Gottes (Str. 2) findet ihren rechten Ausdruck in der Bewahrung der Reinheit seines Wortes, die freilich kein Menschenwerk sein kann: Vielmehr wird Gott um Hilfe gebeten, dass die rechte Lehre erhalten bleibt. Aus dem reinen Wort entsteht heiliges, Gottes Wort gemäßes Leben – Gott selbst wird zum Hüter über sein Wort und sein Volk angerufen.

In der Bitte um das Kommen des Gottesreiches (Str. 3) werden Jetzt und Dann miteinander verbunden. Es ist ein Werk des Heiligen Geistes mit seinen vielfältigen Gaben (vgl. Jes 11,4; 1Kor 12,4). Die Bitte um die Erhaltung der Kirche mag man in den mittleren 1530er Jahren konkret verstehen: Nach Luthers Wahrnehmung gibt es nun *dein Kirch*, aber als gefährdete und innerlich und äußerlich angefochtene Kirche. Die Euphorie der 1520er Jahre ist vorüber – wann immer zwischen 1535 und 1537/9 das Lied entstanden sein mag – *dein Kirch* trug auch in jenen Jahren das Kennzeichen des Kreuzes.

Die (dritte) Bitte um das Geschehen des Willens Gottes (Str. 4) thematisiert auch schon das Kreuz – *gib uns Geduld in Leidenszeit* –, verbindet Erde und Himmel miteinander wie die vorausgehende Strophe Jetzt und Dann, und bittet am Ende Gott, dem zu wehren, was gegen seinen Willen geschieht.

Die Brotbitte (Str. 5) wird wie im Kleinen Katechismus auf alles hin ausgelegt, was der Mensch zum Leben braucht, und es wird um Abwehr alles dessen gebetet, was den Menschen schädlich ist, Unfriede, Streitigkeiten, Krankheiten, Inflation. Sorge und Geiz zerstören das wahre Leben, insofern sie Zeichen der Verfallenheit an das sind, was Luther »Welt« nennt – an anderen Stellen spricht er von einer Trias: die Welt, der Teufel und unser Fleisch. – *Guter Friede* ist das, was Menschen am dringendsten brauchen – anderes, wenn auch vielleicht nicht alles andere, ergibt sich aus ihm.

Freiheit und Dienst

Die Bitte um Vergebung (Str. 6) thematisiert auf ihre Weise das dreifache Verhältnis des Menschen: zu Gott, zu sich selbst und zu seinen Nächsten. Wenn die Gottesbeziehung als eine zwischen dem sündigen Menschen und dem rechtfertigenden, das heißt dem aus Liebe und Barmherzigkeit vergebenden Gott ist, dann ist mit eben dieser Bitte das Lebenszentrum des Menschen beschrieben: *All unser Schuld vergib uns, Herr. Alle* Schuld. Wir sind allzumal Sünder (vgl. Röm 3,23) und auf Vergebung angewiesen. Und die Anrede *Herr* ist hier in dem Sinne zu verstehen, dass es zum Wesen des Herr-Seins Gottes gehört, Sünden zu vergeben, damit sie den Menschen nicht mehr betrüben, belasten, traurig machen; und das heißt: verschlossen gegen Gott, gegen sich selbst und gegen die Menschen um ihn herum.

Vergebung heißt dann aber: mit sich selbst vor Gott ins Reine kommen, offen sein vor und für Gott, sich nicht verstecken, kein schlechtes Gewissen (mehr) haben, sich selbst in die Augen sehen können. Und daher und dann auch dem Anderen und ihm gern seine Schuld und seine Verfehlungen vergeben. *Gern* heißt willig und bereit, und die gegenteilige Erfahrung, die Menschen machen, zeigt doch nur, dass es zwischen der Bereitschaft, das Geschenk Gottes weiterzugeben, und dem tatsächlichen Vermögen, es zu tun, Differenzen geben kann und gibt – wie sollte es bei dem beschenkten, angenommenen Sünder auch anders sein? Schon Paulus wusste davon zu reden, wenn auch kein Lied davon zu singen.

Freiheit von Schuld macht bereit und fähig zum Dienst – die in Christus geschenkte Freiheit findet ihren dem empfangenen Geschenk entsprechenden Ausdruck in dem Dienst am Nächsten. – Wer jetzt etwa an die Doppelthese von Luthers Freiheitsschrift (»ein freier Herr – ein dienstbarer Knecht«) denkt, versteht die Botschaft dieser Sätze und von Luthers Strophe recht.

Hoffnung und fröhliche Zuversicht

Insofern der Mensch in seinem irdischen Leben und seiner leiblichen Existenz Sünder bleibt, ist er vor Versuchungen nicht gefeit (Str. 7). Auch für Luther sind das nicht die Heimsuchungen der Endzeit, sondern alles, was den Menschen von Gott wegzieht und abbringt. – Die Rede von der rechten und der linken Hand muss man im Sinne des Menschen zwischen Selbstüberschätzung und Verzweiflung verstehen, zwei Gestalten des in sich selbst verkrümmten, weil auf sich selbst bezogenen Menschen, des Narziss, der in uns allen steckt. Anders wäre es mit dem von sich selbst Befreiten, der Vergebung erfahren hat und nicht mehr betrübt ist, wie es Strophe 6 besungen hat.

Mit Strophe 8 werden die Bitten beschlossen. *Von allem Übel uns erlös*, heißt es nun, darüber hinaus ist nichts zu bitten. Im Kleinen Katechismus lautet die Auslegung: »Wir bitten in diesem Gebet als in der Summa, dass uns der Vater im Himmel von allerlei Übel an Leib und Seele, an Gut und Ehre erlöse und zuletzt, wenn unser Stündlein kommt, ein seliges Ende beschere und mit Gnaden von diesem Jammertal zu sich nehme in den Himmel.« Der Anklang an Psalm 31,6 hat sich nicht nur im Geschick Jesu Christi, sondern auch im Sterben Luthers bewahrheitet: »Vater, in deine Hände befehle ich meinen Geist«, habe er auf dem Sterbebett in Eisleben sich vernehmen lassen. So stirbt man gut, oder, mit Paul Gerhardt: *Wer so stirbt, der stirbt wohl* (EG 85,10).

Die Schlussstrophe (Str. 9) ist bestimmt von der Bitte um die Bewahrung im Glauben. Gott ist es, der den Zweifel vertreiben soll. Wer das Gebet und auch das Lied bis hierher gebracht hat, hat auch dem Gebot Gottes entsprochen – *und willst das Beten von uns han.* Aber er darf sich auch an die Zusage der Erhörung halten und deshalb in Gottes Namen das *Amen* sprechen, *fein*, richtig, im festen Glauben und in fröhlicher Zuversicht. »Was heißt Amen?« fragt der Kleine Katechismus: »Dass ich gewiss sein soll, das solche Bitten dem Vater im Himmel angenehm sind und von ihm erhört werden. Denn er selbst hat uns geboten, so zu beten, und verheißen, dass er uns erhören will. Amen, Amen, das heißt, Ja, ja, es soll so geschehen.« Oder, nach der Auslegung in der Schrift »Eine einfältige Weise zu beten, für einen guten Freund«: »Zuletzt merke, dass du das Amen allewege stark machen musst, und nicht zweifeln, dass Gott dir gewiss zuhört mit allen Gnaden und ja sagt zu deinem Gebet. Und denke ja, dass du nicht alleine da kniest und stehst, sondern die ganze Christenheit oder alle frommen Christen bei dir und du unter ihnen, in einmütigem, einträchtigem Gebet, welches Gott nicht verachten kann. Und gehe nicht vom Gebet ab, wenn du nicht gesagt oder gedacht hast: Wohlan, dieses Gebet ist bei Gott erhört, das weiß ich gewiss und fürwahr. Das heißt Amen« (WA 38, 362,30-36).

Bis orat, qui cantat – wer singt, betet doppelt, heißt es in einem schönen, insbesondere von Sängern gern gebrauchten Wort, das Augustinus zugewiesen wird, bei dem es sich freilich nicht findet. Doppelt beten? Luther lehrt – mit dem Titel der genannten Schrift – eine »einfältige«, d.h. einfache Weise zu beten. Zählen muss, ja, soll man wohl nicht beim Beten, zwei Vaterunser oder gar hundert sind es eben nicht, sondern das *eine*, das von Herzen kommt und dem, der es geboten hat und seine Erhörung zugesagt hat, zu Herzen gehen will.

Johannes Schilling

Ausgaben

WA 35, 463–467; 527f. (Nr. 31.31a)
WA.A 4, 295–298 (Nr. 35)
Heidrich-Schilling 118–123 (Nr. 30)

Christ, unser Herr, zum Jordan kam (EG 202)

2. So hört und merket alle wohl,
was Gott selbst Taufe nennet
und was ein Christe glauben soll,
der sich zu ihm bekennet.
Gott spricht und will, dass Wasser sei,
doch nicht allein schlicht Wasser,
sein heiligs Wort ist auch dabei
mit reichem Geist ohn Maßen:
der ist allhier der Täufer.

3. Solchs hat er uns gezeiget klar
mit Bildern und mit Worten.
Des Vaters Stimm man offenbar
daselbst am Jordan hörte;
er sprach: »Das ist mein lieber Sohn,
an dem ich hab Gefallen;
den will ich euch befohlen han,
dass ihr ihn höret alle
und folget seinem Lehren.«

4. Auch Gottes Sohn hier selber steht
in seiner zarten Menschheit,
der Heilig Geist herniederfährt
in Taubenbild verkleidet,
dass wir nicht sollen zweifeln dran:
Wenn wir getaufet werden,
all drei Person' getaufet han,
dadurch bei uns auf Erden
zu wohnen sich begeben.

5. Sein Jünger heißt der Herre Christ:
»Geht hin, all Welt zu lehren,
dass sie verlorn in Sünden ist,
sich soll zur Buße kehren;
wer glaubet und sich taufen lässt,
soll dadurch selig werden;
ein neugeborner Mensch er heißt,
der nicht mehr könne sterben,
das Himmelreich soll erben.«

6. Wer nicht glaubt dieser großen Gnad,
der bleibt in seinen Sünden
und ist verdammt zum ewgen Tod
tief in der Höllen Grunde.
Nichts hilft sein eigen Heiligkeit,
all sein Tun ist verloren,
die Erbsünd macht's zur Nichtigkeit,
darin er ist geboren,
vermag sich selbst nicht helfen.

7. Das Aug allein das Wasser sieht,
wie Menschen Wasser gießen;
der Glaub im Geist die Kraft versteht
des Blutes Jesu Christi;
und ist vor ihm ein rote Flut,
von Christi Blut gefärbet,
die allen Schaden heilen tut,
von Adam her geerbet,
auch von uns selbst begangen.

Luther hat die Inhalte der Hauptstücke seines Kleinen Katechismus auch in Liedform dargestellt. Das IV. Hauptstück mit dem Thema der Taufe fand um 1541 seine Liedgestalt in *Christ, unser Herr, zum Jordan kam.*

Symmetrischer Aufbau

Das Tauflied zeigt einen symmetrischen Aufbau, in dessen Mitte die vierte Strophe als zentrale Aussage die heilige Dreieinigkeit als den eigentlichen Täufer herausstellt. Die vorausgehenden Strophen 1–3 skizzieren die Taufe Christi am Jordan durch Johannes den Täufer bis hin zu der Proklamation, in der Gott Christus öffentlich und umfassend vor aller Welt als seinen Sohn bezeugt. Die nachfolgenden Strophen 5–7 fokussieren die Sendung der Jünger im Akt der Taufe, die als Wasser- und Geisttaufe nunmehr im Namen des Dreieinigen Gottes vollzogen wird und durch den Glauben den neuen Menschen schafft. Dem steht der alte Mensch gegenüber, der nicht glaubt und in der Verlorenheit endet. Das Lied schließt mit der großen Verheißung der bleibenden Erlösung durch Christi Blutvergießen am Kreuz.

Neues Leben und Geisttaufe

In der ersten Strophe des Liedes rekapituliert Luther den geschichtlichen Vorgang, in dem Christus den Jordan erreichte, um *nach seines Vaters Willen* die Taufe Johannes des Täufers an sich vollziehen zu lassen und dadurch sowohl in *sein Werk und Amt* einzutreten als auch die Taufe als sakramentales Bad zu *stiften* – wobei das *(Ab-)waschen von Sünden* tiefgründig mit dem *Ersäufen* des Todes durch Christi Opfer am Kreuz verbunden wird. Die Strophe gipfelt in der Aussage, dass die Taufe Leben vermittelt: *es galt ein neues Leben.* Darauf zielt die Taufe.

Die zweite Strophe unterstreicht zu Beginn den Charakter einer gesungenen Lehre durch die markanten Worte *So hört und merket alle wohl* und entwickelt den Bezug zwischen Glaube und Taufe. Dabei wird das Wasser in seiner Bedeutung als Zeichen dieses Sakraments ins Spiel gebracht und betont, dass das Wasser allein nicht reicht, sondern Gottes *heiligs Wort* entscheidend hinzukommen muss. Ja, es wird sogar deutlich gemacht, dass der *Geist* im Wort eigentlich *allhier der Täufer* ist.

Die dritte Strophe unterstreicht das Zusammenwirken von *Bildern* wie *Wasser* und *Bad* mit den deutenden *Worten* und bezeugt *des Vaters Stimm* bei Jesu Taufe, die ihn vor aller Welt als seinen Sohn proklamiert. Gott scheint damit gleichsam den Menschen Jesus von Nazareth als seinen eigenen Sohn zu adoptieren – eine christologische Auffassung, die zwar in den synoptischen Evangelien anklingt, die sich aber gegenüber der schon im Neuen Testament dominierenden Konzeption von der ewigen Gottessohnschaft Jesu nicht behauptet hat und sogar als »Adoptianismus« in der Alten Kirche verworfen wurde und die auch Luther, wie spätestens der Beginn der Folgestrophe zeigt, nicht teilt.

Die vierte Strophe entfaltet die besondere Prägung der christlichen Taufe als Geisttaufe im Unterschied zur Wassertaufe Johannes des Täufers, die die Befreiung von der Sünde symbolisiert und sich darin erschöpft. Die Geisttaufe führt darüber hinaus, indem sie das neue Leben in Gott verbürgt, wie es am Ende der ersten Strophe heißt. Indem Luther hier von der *zarten Menschheit* des Gottessohnes spricht, mag er seine Empfänglichkeit für den Geist, seine Sündlosigkeit und seine Verletzlichkeit (*Wunden*, Str. 1) andeuten. Zum Geschehen der Taufe Jesu gehört auch der *Heilig Geist, in Taubenbild verkleidet*, sodass der eigentliche Täufer der dreieinige Gott ist, wie es ja in der Liturgie beim Taufakt in den Worten zum Ausdruck kommt: »Ich taufe dich im Namen des Vaters und des Sohnes und des Heiligen Geistes.« Damit *wohnt* nach Luthers Worten der dreieinige Gott *bei uns auf Erden*.

Neues Leben in Christus

Luther greift in der fünften Strophe die Aussendung der Jünger durch den auferstandenen Jesus Christus nach dem Markusevangelium (16,15f.) auf. Sie sollen *all Welt* das Evangelium *lehren*, das die Verlorenheit *in Sünden*, den Ruf zur *Buße*, d.h. Umkehr, und die Verheißung des Lebens einschließt: *wer glaubet und sich taufen lässt,/ soll dadurch selig werden*. Der Glaube und die Taufe bedeuten eine neue Geburt zu unvergänglichem Leben. Dabei orientiert Luther sich offenbar an der Auffassung des Apostels Paulus, wonach sich in der Taufe das Mitsterben mit Christus vollzieht, das auf ein neues Leben mit Christus zielt (vgl. Röm 6,3f.).

Die sechste Strophe entfaltet in einer uns befremdlich anmutenden Konsequenz und Radikalität die Kehrseite der Verheißung: »Wer aber nicht glaubt, der wird verdammt werden« (Mk 16,16b). Luther zögert nicht, die biblisch bezeugte Unheilsfolge des Nichtglaubens (nicht: des Nichtgetauftseins!) in ihren einzelnen Aspekten bildreich zu entfalten. Der Mensch *vermag sich selbst nicht helfen*: Die Grunderfahrung des Menschseins, in einen Unheilszusammenhang schon hineingeboren zu sein, in ihm mitschuldig und für ihn mitverantwortlich zu werden (Strophe 7 spricht von dem *Schaden, von Adam her geerbet,/ auch von uns selbst begangen*), und die weitere Grunderfahrung, dem Tod nicht entrinnen zu können, verleihen dem Evangelium, dass Gott uns Heil und Leben »aus Gnade allein« schenkt und wir es »allein durch den Glauben« und nicht anders empfangen können, heutzutage mehr Plausibilität als die drastischen Unheilsbilder, die den Heilswillen Gottes zu verdunkeln drohen.

Zeichen und Wort

In der siebenten Strophe greift Luther eine Aussage des IV. Hauptstücks seines Kleinen Katechismus auf: »Die Taufe ist nicht allein schlicht Wasser, sondern sie ist das Wasser in Gottes Gebot gefasst und mit Gottes Wort verbunden.« Das menschliche Auge sieht freilich nur Wasser und den üblichen Umgang mit dem Wasser. Aber in Verbindung mit dem Wort und Gebot Gottes wird das über den Täufling ausgegossene Wasser zur Taufe. Luther verweist in großer gedanklicher Tiefe auf die Kraft des Blutes Christi und schlägt damit die Brücke zu dem anderen Sakrament der Kirche, dem Abendmahl. Dabei ist die enge bildhafte Verknüpfung zwischen dem Vergießen *des Blutes Jesu Christi* mit der *Flut*, die an die Sintflut erinnert und nun in der Taufe in ihrer Rotfärbung durch *Christi Blut* erlösende Wirkung erhält, von großer meditativer Kraft und einzigartig in der Liedsprache Luthers. Mit Recht wird hier ein Zusammenhang mit dem sogenannten Sintflutgebet in Luthers Taufbüchlein gesehen.

Wort-Ton-Verhältnis

Die Melodie des Liedes entspricht dem Strophenbau, der als Bar-Form bezeichnet wird. Am Anfang steht ein Doppelzeilenpaar (»Stollen«), das in Text (im Reimschema *abab*) und Melodie wiederholt wird. Nach dem Doppelstrich folgt der fünf Zeilen umfassende »Abgesang«; die letzte, ungereimte Zeile steht allein. Die Melodie folgt insgesamt der dorischen Kirchentonart und hat dadurch einen herben, gewichtigen Klang mit holzschnittartigen, vom Liedtext inspirierten Konturen. Ihr Duktus wird rhythmisch durch Viertelnotenschritte bestimmt, wobei

Dehnungen am Zeilenbeginn und -ende auftauchen. Typisch für Luthers Melodien sind die Achtelnoten an den Zeilenanfängen, die die Melodie mit ausdrucksstarken Impulsen versehen. Ein eigentümliches Phänomen sind außerdem die wie Synkopen anmutenden sogenannten Antizipationen, d.h. Impulsverschiebungen, z.B. in der ersten Strophe auf *Sünden* und *Wunden*, die der Wortausdeutung dienen. Überhaupt ist das Wort-Ton-Verhältnis im Lied ein besonderes Anliegen Luthers. Ein Beispiel dafür ist das Erreichen des Spitzentones innerhalb der ersten Zeile in der ersten Strophe auf dem Wort *Jordan*. Der Kontrast zwischen dem unteren und oberen Quintbereich der Melodie ist textbedingt und untermalt den Gegensatz zwischen dem alten todgeweihten Menschen und dem neuen, getauften Menschen. Ein auffallendes Charakteristikum ist die Schlusszeile der Melodie, die in Hochtonlage proklamatorisch wirkt und auf den Quintton der Tonleiter führt, also die Rückkehr zum Grundton meidet und damit den Strophenschluss in der Schwebe hält. Mit diesem Stilmittel mag der verkündigende Charakter der frohen Botschaft Christi und ihre offene Wirkung betont sein.

Werner Merten

Ausgaben

WA 35, 468–470; 528 (Nr. 33)
WA.A 4, 299–301 (Nr. 36)
Heidrich-Schilling 124–129 (Nr. 31)

Jesaja dem Propheten das geschah (EKG 135)

Neuregelung der Kommunion

»Es dünkt mich aber, dass es dem Abendmahl gemäß sei, dass man flugs auf die Konsekration des Brotes das Sakrament reiche und gebe, ehe man den Kelch segnet. Denn so reden beide, Lukas und Paulus: ›Desselbengleichen den Kelch, nachdem sie gegessen hatten usw.‹ (Lk 22,20;

1Kor 11,25). Und dieweil singe das deutsche Sanctus oder das Lied ›Gott sei gelobet‹ (EG 214) oder Johannes Hus' Lied ›Jesus Christus, unser Heiland‹ (EG 215). Danach segne man den Kelch und gebe denselbigen auch und singe, was übrig ist von obgenannten Liedern, oder das deutsche Agnus Dei.«

So hat Martin Luther 1525/26 in seiner Deutschen Messe die Austeilung des Abendmahls im Sonntagsgottesdienst neu geregelt. Auf das Brotwort des Einsetzungsberichtes, den der Pfarrer singt, folgt sofort die Brotkommunion, erst danach folgen der zweite Teil des Einsetzungsberichts und die Kelchkommunion. Die herkömmlichen Gesänge der Abendmahlsliturgie, die durch Luthers Reduktion der Abendmahlsfeier auf ihren biblischen Kern ihre Stelle und Funktion verloren haben, begleiten nun, auf Deutsch gesungen, die Austeilung. Die Lieder »Jesaja, dem Propheten, das geschah« und »Gott sei gelobet und gebenedeiet«, also die Äquivalente zu »Sanctus« (dem »Dreimalheilig«) und »Benedictus« (»Gelobet sei, der da kommt … Hosianna …«), erklingen während der Austeilung des Brotes, das »Christe, du Lamm Gottes« (also das deutsche »Agnus Dei«, EG 190.2) während der Austeilung des Kelches. »Das deudsch Sanctus« – so die Überschrift – hat Luther eigens für seine »Deutsche Messe« geschrieben.

Man kann übrigens nicht, wie dies meistens geschieht, selbstverständlich davon ausgehen, dass diese nun deutschsprachigen Teile des sog. Messordinariums von der ganzen Gemeinde gesungen wurden. Solches sieht Luther ausdrücklich nur für das Glaubensbekenntnis vor: »Nach dem Evangelium singt die ganze Kirche den Glauben, zu Deutsch: ›Wir glauben all an einen Gott‹ (EG 183)«. Womöglich blieben die anderen Liturgiegesänge einem Schülerchor zugewiesen. Der Gesang der ganzen Gemeinde hat sich im lutherischen Gottesdienst erst später durchgesetzt.

Ein großes, fremd gebliebenes Lied

Mit »Jesaja, dem Propheten, das geschah« haben wir ein ausgesprochen archaisch wirkendes Lutherlied vor uns. In seiner Rezension zu der Liedsammlung »Des Knaben Wunderhorn« (1806) charakterisiert Goethe es als »barbarisch groß«, in der Sammlung »Meine liebsten Gedichte« von Johannes Bobrowski (erschienen 1985) steht es an erster Stelle. Im Deutschen Evangelischen Gesangbuch (DEG 1915) fehlt es, ins Evangelische Kirchengesangbuch (EKG 1950) wurde es aufgenommen, aus dem Evangelischen Gesangbuch (EG 1993) verschwand es wieder. In den Ordnungen des lutherischen Gottesdienstes hatte es längst keinen Ort mehr – und man darf bezweifeln, dass es in den Herzen der Gemeinden je größeren Widerhall gefunden hat.

In seiner Dichtung übersetzt Luther nicht das liturgische Dreimalheilig, die Akklamation auf das Präfationsgebet der lateinischen Messe, ins Deutsche, sondern er gibt in acht metrischen und gereimten Verspaaren Jesaja 6,1–4, die prophetische Vision von der Gegenwart Gottes im Tempel, wieder, die den Bericht von der Berufung Jesajas eröffnet. Das bedeutet, dass die Preisung des heiligen Gottes nicht mehr im Modus der Anbetung, sondern als Proklamation erfolgt. So hatte Luther ja auch den Einsetzungsbericht aus der Klammer des an Gott gerichteten großen Abendmahlsgebetes gelöst und ihn zu einer an die Gemeinde gerichteten Evangeliumsverkündigung gemacht.

Übertragung der biblischen Vorlage

Luther folgt im deutschen Sanctus dem biblischen Ausgangstext außerordentlich treu. Ergänzungen dienen formal weitgehend der Auffüllung der insgesamt sechzehn zehnsilbigen Zeilen bzw. der Gewinnung passender Reimwörter, inhaltlich setzen sie Akzente: Jesaja sah den Herrn *im Geist* auf einem hohen Thron, und zwar *in hellem Glanz*, sitzen; *seines Kleides* Saum füllt *den Chor* – statt den Tempel – *ganz*. Die *zwei* Seraphim verbargen ihr Antlitz *klar*, sie flogen *frei* und riefen *mit großem Gschrei*, das außer der Schwelle auch die *Balken* erzittern lässt, und das Haus wurde *auch ganz* voll Rauchs *und Nebel*. Das sind marginale Veränderungen. Gegenüber dem Sanctus des lateinischen Messordinariums (*pleni sunt coeli et terra gloria tua*) erfüllt Gottes Herrlichkeit im deutschen Sanctus entsprechend dem biblischen Wortlaut (»alle Lande«) nur *die ganze Welt*, nicht auch die Himmel. Allerdings bleibt das im Messtext zugefügte »Gott« (*Deus Dominus Sabaoth*) im Gesang erhalten. Das über den Jesajatext hinausgehende *große Gschrei* ist aus der dortigen Notiz, dass »die Schwellen … von der Stimme ihres Rufens (bebten)«, erschlossen bzw. leitet sich aus der Jes 6 nachgebildeten himmlischen Thronvision Offb 4f. her, wo komplementär zu dem Dreimalheilig, mit dem vier ebenfalls sechsflüglige Gestalten »Gott, den Herrn, den Allmächtigen« ruhelos »Tag und Nacht« preisen (4,8), die himmlischen Engelscharen dem Lamm »mit großer Stimme« huldigen (5,11f.).

Vergegenwärtigung in der Gemeinde

Die Eignung von *Jesaja dem Propheten das geschah* als Gesang zur (Brot-)Kommunion mag auf den ersten Blick fraglich sein. Aber bei näherem Hinsehen erschließt sie sich auf überraschende Weise. Es ist ja ein Bericht von der visionär – Luther sagt: *im Geist* – geschauten Gegenwart Gottes im Tempel. Luther verlegt das Geschehen der Selbstvergegenwärtigung Gottes aus dem Jerusalemer Tempel in den *Chor*, d.h. genau an den Ort des Kirchraums, an dem Christus sich durch sein verheißendes Wort vergegenwärtigt und unter Brot und Wein der Gemeinde schenkt. Mit der Weisung: »Solches tut, so oft ihr's tut, zu meinem Gedächtnis« war der erste Teil des Einsetzungsberichts soeben ausgeklungen, und dieses Gedächtnis vollzieht sich, indem die Gemeinde in der Kommunion die Gaben des Mahles empfängt. Darin, dass Christus im Abendmahl zu seiner Gemeinde kommt, aktualisiert sich seine heilbringende Herabkunft vom Himmel auf die Erde: *Sein Ehr die ganze Welt erfüllet hat.* Die Gleichsetzung Christi mit *Gott, dem Herren Zebaoth* ist für Luther unproblematisch; sie begegnet ausdrücklich in *Ein feste Burg ist unser Gott*: *Fragst du, wer der ist?/ Er heißt Jesus Christ,/ der Herr Zebaoth,/ und ist kein andrer Gott* (EG 362,2). Auch das bei der Brotkommunion alternativ oder ergänzend zum deutschen Sanctus zu singende *Gott sei gelobet und gebenedeiet* (EG 214), in dem das *Benedictus, qui venit in nomine Domini* des lateinischen Messtextes aufbewahrt ist, handelt von bzw. redet zu Gott dem Sohn, Jesus Christus, wenn es »Gott« bzw. »Herr« oder »Herr Gott« sagt.

Advents-Sanctus als Melodievorlage

Auch die Melodie des deutschen Sanctus hat Martin Luther selbst geschaffen und dabei auf eine alte adventliche Sanctus-Melodie zurückgegriffen, die am Anfang des heute verbreiteten *Heilig, heilig, heilig ist Gott* aus Neuenrade (1564, EG 185.1) ebenfalls nachklingt. Von der Absicht, mit der Luther Texte vertont hat, wie von der Meisterschaft, die er dabei an den Tag gelegt hat, zeugt ein Bericht von Johann Walter, der als Kantor an der lutherischen Gottesdienstreform beteiligt war: »Und siehet, höret und greifet man augenscheinlich, wie der Heilige Geist sowohl in den Auctoribus, welche die lateinischen, als auch in Herrn Luthero, welcher jetzo die deutschen Choralgesänge meistenteils gedichtet und zur Melodie bracht, selbst mitwirket: wie denn unter andern aus dem deutschen Sanctus zu ersehen, wie er alle Noten auf den Text nach dem rechten Accent und Concent so meisterlich und wohl gerichtet hat, und ich auch die Zeit seiner Ehrwürden zu fragen verursacht war, woraus oder woher sie doch diese Stücke oder Unterricht hätten: darauf der teure Mann meiner Einfalt lachte und sprach: Der Poet Virgilius hat mich solchs gelehrt, der also seine carmina und Wort auf die Geschichte, die er beschreibt, so künstlich applicieren kann; also soll auch die Musica alle ihre Noten und Gesänge auf den Text richten.« So schmiegt sich die Melodie von *Jesaja dem Propheten das geschah* nicht nur den Betonungen des Textes auf eine Weise an, die dessen zeittypische metrische Unregelmäßigkeit (z.B. Z. 4: *seines Kleides Saum den Chor füllet ganz)* zu glätten scheint, sondern sie folgt auch, expressiv verstärkend, dem Verlauf des erzählten Geschehens: Bei *auf einem hohen Thron* (Z. 3) steigt sie empor, um sich bei *den Chor erfüllet ganz* (Z. 4) wieder herabzusenken. Sie bringt zu Gehör die Positionen und Funktionen der jeweils drei seraphischen Flügelpaare, die das Antlitz verbergen (Z. 7: hoch), die Füße bedecken (Z. 8: tief) und frei fliegen (Z. 9: Mitte). Das *große Gschrei*, mit dem die Seraphim *gen ander riefen* (Z. 10), unterstreicht die Melodie durch die Über-Oktavhöhe, die sie hier erreicht, bevor das dreifach identische *Heilig ist Gott der Herre Zebaoth* (Z. 11–13) sowie das eine Terz tiefer liegende *sein Ehr die ganze Welt erfüllet hat* (Z.14) in ihrer von der Höhe hinabsteigenden Melodieführung die Heiligkeit Gottes als eine sich der Welt zuwendende und hingebende charakterisiert.

Die ursprüngliche Gestalt und der ursprünglich intendierte Modus der Melodie können nicht mehr zweifelsfrei ermittelt werden. Manches spricht dafür, dass die oben (in der Fassung des EKG) als D-Dur wiedergegebene »jonische« Melodiefassung eine bereits bald nach ihrer Entstehung vorgenommene Vereinfachung ihrer »lydischen« (für heutige Ohren herber klingenden) Originalfassung ist. Wie dem auch sei: Das deutsche Sanctus bleibt ein textlich-musikalisches Kleinod, das als Beispiel für den von Luther erneuerten Liturgiegesang in dieser Galerie von Liedportraits nicht fehlen darf – auch wenn Luthers Liturgiereform an dem Punkt, an dem dieser Gesang einst zu stehen kam, die heutige evangelische Gottesdienstpraxis nicht mehr prägt.

Martin Evang

Ausgaben

WA 35, 455; 516–518 (Nr. 25)
WA.A 4, 243–245 (Nr. 26)

Gott sei gelobet und gebenedeiet (EG 214)

2. Der heilig Leib, der ist für uns gegeben
zum Tod, dass wir dadurch leben.
Nicht größre Güte konnte er uns schenken,
dabei wir sein solln gedenken.
Kyrieleison.
Herr, dein Lieb so groß dich zwungen hat,
dass dein Blut an uns groß Wunder tat
und bezahlt unsre Schuld,
dass uns Gott ist worden hold.
Kyrieleison.

3. Gott geb uns allen seiner Gnade Segen,
dass wir gehn auf seinen Wegen
in rechter Lieb und brüderlicher Treue,
dass uns die Speis nicht gereue.
Kyrieleison.
Herr, dein Heilig Geist uns nimmer lass,
der uns geb zu halten rechte Maß,
dass dein arm Christenheit
leb in Fried und Einigkeit.
Kyrieleison.

Ohne die Heilige Barbara

»Im Jahre 1523 wurde in Wittenberg das Fronleichnamsfest abgeschafft. Es galt als Inbegriff jener mittelalterlichen Fehlentwicklung der Eucharistie, die Luther mit seiner Gottesdienstreform korrigieren wollte. Aus dem damit hinfällig gewordenen liturgischen Textcorpus sollte aber ein kleines Stück bewahrt werden, das nicht zum offiziellen lateinischen Bestand gehörte, sich im Laufe des 15. Jahrhunderts aber angegliedert hatte« (Alex Stock, Wunderhorn 77), nämlich die Leise *Gott sei gelobet und gebenedeiet.* Ihre älteste heute bekannte Quelle für Text und Melodie ist ein um 1390 im Mainzer Weißfrauenkloster entstandenes Prozessionale; hier wird die Leise als volkssprachiger Einschub in die von einem Klerikerchor vorgetragene lateinische Sequenz *Lauda Sion salvatorem* gesungen: der erste Vierzeiler der Leise nach den geraden Strophen der Sequenz, der zweite Vierzeiler nach den ungeraden. – Dem hier abgedruckten Text der Leise ist zum Vergleich Luthers Bearbeitung von 1524 aus Johann Walters Chorgesangbuch zur Seite gestellt, wo sie zum ersten Mal mit Melodie erschien; Luthers Text ohne Melodie war bereits in den ein Jahr zuvor veröffentlichten Erfurter Enchiridien enthalten.

	Mainz (um 1390)	**Luther (1524)**
1,1	God sy gelobbet vnd gebenedyet	Got sei gelobet und gebenedeiet
1,2	der uns alle hayt gespijssit	der uns selber hat gespeiset/
1,3	mydt synem fleysch mydt synem blude	mit seinem fleysche und mit seinem blute/
1,4	das gibbe unß lieber herre got zu gude.	das gib vns, herr Gott, zugute/
1,5	das hylge sacramente an unßrem lesten ende	
1,6	vß des gewijten priesters hende	
1,7	kyrieleyson	Kirieleyson.
2,1	O herre dorch dynen heilgen fronlijchenam	Herr durch deinen heiligen leichnam
2,2	der von dyner mutter marien quam	der von deiner mutter Maria kam/
2,3	und das heyllige bludt	Und das heilige blut/
2,4	nu hilff unß herre uß aller unßer noid	hülf uns Herr auß aller not/
2,5	kyrieleyson	Kirieleyson.

Die Zeilen 1,5–6, die die Symmetrie der beiden (ursprünglich jeweils vierzeiligen) Strophen stören, sind ein sekundärer Zusatz. Er trägt der damals gängigen Kommunionpraxis Rechnung: Seit dem Hochmittelalter ist der Kommunionempfang der Gemeinde längst aus der Messfeier verschwunden. Gewöhnlich kommunizierte man wenige Male im Jahr – das IV. Laterankonzil von 1215 verpflichtete zu einem Kommunionempfang sogar nur einmal jährlich – und eben auf dem Sterbebett. Mit

»an unßrem lesten ende« werden die Zeilen »das gibbe unß lieber herre got zu gude« zu einer Bitte um eine gute Sterbestunde verengt. Luther erkennt die Verse als Zusatz und wendet sich ausdrücklich gegen sie. In seiner »Formula Missae et Communionis« (1523) schlägt er die Leise zum Kommunionempfang (»post communionem«) vor, aber er schärft ausdrücklich ein: »Doch soll man darynn aus lassen das stücklein / *Und das heylig Sacrament / an unserm letzen ende / aus des geweyhten priesters hende* / Denn das mag wol hinzugesetzt worden seyn / von eym der sanct Barbara geehrt hat / und all sein Leben lang / nicht viel geacht dis sacraments / alleyn gehofft er wolt / so er sterben sollt / durch das eynig gut werk / on glauben eyn gehen zum leben« (vgl. WA 12, 218,23–29). Luther wendet sich gegen ein gleichsam magisches Verständnis der Sterbekommunion: Man könne zeit seines Lebens das Sakrament gering achten und brauche sich nur an die Heilige Barbara zu halten (sie war die Schutzpatronin gegen einen jähen Tod, der keine Zeit mehr ließ für die Sterbekommunion), dann werde die Kommunion in der Todesstunde als ein »gutes Werk« schon zum Heil genügen, auch ohne Glauben (Hahn, Evangelium 218f.). Dagegen richtet sich Luthers Kritik. Aber ohne diesen Zusatz hält er die Leise für »ein Christlich rein, fein bekenntnis und von einem rechten Geist gemacht«, wie er 1533 in seiner Schrift »Von der Winkelmesse und Pfaffenweihe« (WA 38, 246) ausdrücklich vermerkt. Um das magische Missverständnis und damit den Missbrauch der Kommunion auszuschließen, verknüpft Luther die beiden Vierzeiler der Leise zu einer einzigen Strophe und verfasst dann noch zwei weitere, die Vers 1,4 der Vorlage (*das gibbe unß lieber herre got zu gude*) an die biblische Verkündigung zurückbinden.

Ein Kuchen mit Christo werden und ein Kuchen mit dem Nächsten

Luthers neu geschaffene Strophen knüpfen formal und inhaltlich an die mittelalterliche Leise an. Strophe 2 akzentuiert ausdrücklich das *für euch* des Einsetzungsberichtes, das sich in dem *für uns* des Liedes spiegelt. »(Sie) ist nichts anderes als eine Paraphrase der Einsetzungsworte – Paraphrase, die den biblischen Wortlaut in den literarischen Möglichkeiten der deutschen Strophe und für ihren liturgischen Ort aktualisiert, nicht einfach gereimtes Zitat« (Hahn, Evangelium 219). In Luthers »Deutscher Messe« (1526) hat der Einsetzungsbericht folgenden Wortlaut: »Vnser herr Jhesu Christ / ynn der nacht da er verraten ward / Nam er das brod / danckt und brachs / vnd gab es seinen iungern vnd sprach: Nempt hin und esset / das ist meyn leyb / der für euch gegeben wird / Solchs thut sooft yhrs tut / zu meinem gedächtnis« – *der heilge Leib, der ist für uns gegeben … dabei wir solln sein gedenken.* »Desselben gleychen auch den kilch / nach dem abendmal vund sprach/ nempt hyn und trinket alle draus / das ist der kilch / eyn new testament ynn meinem blut / das fur euch vergossen wird zur vergebeung der sunde / solchs thut / so offt yhrs trinckt / zu meynem gedächtnis« (WA 19, 60B) – *dass dein Blut an uns groß Wunder tat / und bezahlt unsre Schuld.* Der in der liturgischen Tradition des Mittelalters nur leise und lateinisch durch den Priester zu rezitierende Einsetzungsbericht wird im Kommunionlied der Gemeinde auf dem Hintergrund johanneischer Jesus-Worte verkündigend entfaltet. Die Fügung *gegeben, zum Tode, dass wir dadurch leben* erinnert an Joh 6,51: »Ich bin das lebendige Brot, das vom Himmel gekommen ist. Wer von diesem Brot isst, der wird leben in Ewigkeit. Und dieses Brot ist mein Fleisch, das ich geben werde für das Leben der Welt.« *Nicht größre Güte konnte er uns schenken* greift Joh 15,13 auf: »Niemand hat größere Liebe als die, dass er sein Leben läßt für seine Freunde.«

Nach der Verkündigung der Einsetzungsworte in Luthers Strophe 2 (*Der heilge Leib, der ist für uns gegeben …*) folgt in Strophe 3 die Bitte, der Kommunionempfang möge die rechten Früchte bringen (*Gott geb uns allen seiner Gnade Segen …*). Dem »für euch« muss ein »füreinander« der im gemeinsamen Mahl Vereinten folgen. Unmittelbar vor der oben zitierten Johannesstelle heißt es: »Das ist mein Gebot, daß ihr euch untereinander liebt, wie ich euch liebe« (Joh 15,12). Wer dies bei der Feier des Herrenmahls missachtet, so mahnt Paulus in seinem Schreiben an die durch Spaltungen zerrissene Gemeinde von Korinth, der »isst und trinkt sich selber zum Gericht« (1Kor 11,29). Die Gemeinschaft mit Christus im sakramentalen Leib muss in die Gemeinschaft der Kirche als Leib Christi führen – *in rechter Lieb und brüderlicher Treue / dass die Speis uns nicht gereue.* Liturgie und Lebenswirklichkeit sind nicht zu trennen. In seiner Predigt am Gründonnerstag 1523 verdeutlicht Luther: »Es sind zwei Nutzen und Früchte des Sakraments. Die erste, die uns macht zu Brüdern und Miterben Christi, also daß wir werden ein Kuchen mit Christo. Die ander macht, daß wir auch werden ein Kuchen miteinander als mit dem Nächsten« (WA 12, 476). Der im zweiten Teil der Strophe erbetene Beistand des Geistes (*Herr, dein Heilig Geist uns nimmer lass*) zielt ebenfalls auf diese Einheit. Nachdem Paulus in 1Kor 11 den zerstrittenen Korinthern die Abendmahlsüberlieferung in Erinnerung gerufen hat, kommt er in Kapitel 12 auf die Gaben des Geistes und die Gemeinde als Leib Christi zu sprechen: »Denn wie der Leib einer ist und doch viele Glieder hat, alle Glieder des Leibes aber, obwohl sie viele sind, doch ein Leib sind: so auch Christus. Denn wir sind durch einen Geist alle zu einem Leib getauft« (1Kor 12,12). Auf diesem Hintergrund ist die Bitte *uns geb zu halten rechte Maß* weniger im Sinne eines asketischen Maßhaltens zu verstehen denn als Treue zu den jeweils unterschiedlichen Charismen: Der *Heilig Geist* teilt »einem jeden das Seine zu, wie er will« (1Kor 12,11). Erst daraus resultieren *Fried und*

Einigkeit. – Möglicherweise schwingt in Luthers Formulierung vom *rechten Maß* auch eine Spitze gegen die sogenannten Schwarmgeister mit: »Die geschichtliche Stunde, in der Luther [das Lied] dichtete (Sommer 1524), mit den sich mehrenden Nachrichten von der um sich greifenden schwärmerischen ›Geist‹bewegung, legt es nahe, mit besonderem Nachdruck um das ›rechte Maß‹ des Geistes zu bitten« (Herbert Nitsche).

Melodie[4]

Bei der Melodie sind die mittelalterlichen Wurzeln und der Gebrauch der Leise bei Prozessionen deutlich erkennbar. Letzteres durch den schreitenden Charakter der Halben Noten und gewisse Wiederholungselemente, ersteres durch Anklänge an den achten Psalmton und an gregorianische Abschlusswendungen bei den »Kyrie-eleison«-Abschnitten. Luther oder sein musikalischer Berater Johann Walter hat die mittelalterliche Melodie in ihrer längeren Form auf die Gestalt der gekürzten Strophe, der dann die hinzugefügten Strophen folgen, hin angepasst.

Konstanten und Varianten

Gott sei gelobet und gebenedeiet etabliert sich Luthers Vorgaben gemäß als das klassische Lied nach dem Empfang der Kommunion; man könnte es, verglichen mit der mittelalterlichen Messe, als eine Art *Postcommunio* (Gebet *nach der Kommunion*) bezeichnen, die nun nicht mehr lateinisch und leise allein von dem Vorsteher gesprochen, sondern von der gesamten Gemeinde gemeinsam und vernehmlich in der Volkssprache gesungen wird. Das Lied verbreitet sich noch im 16. Jahrhundert rasch, es findet sich schon bald im Westen (etwa Straßburg 1557) wie im Osten des deutschen Sprachgebiets (etwa Breslau 1597, später auch in Riga 1761). In den großen und auflagenstarken Reihengesangbüchern wie der Praxis Pietatis Melica (1653ff), dem Freylinghausenschen (1704ff) und dem Porstschen Gesangbuch (1713) hat es unter den »geistreichen« und »lieblichen Liedern« des »Herrn Doktor Martin Luther« seinen festen Platz, ebenso wie in dem für die Herausbildung eines evangelischen Lieder-Kanons wichtigen Deutschen Evangelischen Gesangbuch für die Schutzgebiete und das Ausland (Berlin 1915). Die Texttradition bleibt dabei konstant, lediglich die Orthographie passt sich an. Sprachliche Modernisierungen werden nur behutsam vorgenommen; noch das

4 Der Abschnitt zur Melodie stammt von Gunter Kennel.

EKG (1950) hat in Strophe 1,6 und 2,1 den Begriff »Leichnam« belassen, ihn aber mit einem Asteriskus als »Leib« erklärt.

Eine katholische Rezeption setzt, wie bei den meisten Liedern Luthers, erst spät ein. Zwar nimmt das New Gesangbüchlin des Dominikaners Michael Vehe 1537 ein Lied auf, das in der ersten Strophe textlich und melodisch mit dem Lutherlied identisch ist, doch folgen dann vier Strophen, die gänzlich andere Wege gehen. Im zweiten Teil der zweiten Strophe heißt es hier: »Wider allen hunger und auch durst / wie du in dir selbst erfahrn würst / so du die heylige speyß / gebrauchen würst auff geystlich weyß. / Kyrieeleyson.« An die Stelle des realen Empfangs (*sumptio*) tritt, damaliger katholischer Praxis folgend, der geistliche Empfang (*adoratio*). Dieses fünfstrophige Lied wird vereinzelt bis ins 17. Jahrhundert tradiert, dann verebbt die Überlieferung. Erst der Sammlung »Kirchenlied« (1938) gelingt es, das Lutherlied dauerhaft im katholischen Bereich zu beheimaten. Es wird von dort in die Einheitslieder (1947) übernommen und textlich modernisiert (statt *der heil'ge Leichnam* in 2,1 nun *dein heilger Leib*). Von dort aus gelangt es in zahlreiche Diözesangesangbücher der 1950/60er Jahre und in das Gotteslob von 1975. Auf die Sammlung »Kirchenlied« geht allerdings jene gravierende Textänderung zurück, die bis heute die katholische Rezeption bestimmt: Der zweite Teil der ersten Strophe ersetzt als eine Art Kehrvers auch die zweiten Teile der Strophen 2 und 3, mit massiven Folgen für die Sinnstruktur des Liedes. Das »Kelchwort« in Strophe 2 entfällt, ebenso der »Geist« als Band der Einheit des Leibes Christi in Strophe 3. Obwohl die AÖL 2013 das (sprachlich modernisierte) originale Luther-Lied als Ö-Lied vorschlug, blieb man im Gotteslob von 2013 bei der Variante aus »Kirchenlied«.

Ansgar Franz

Ausgaben

WA 35, 452f. (Nr. 23)
WA.A 4, 163f. (Nr. 4)
Heidrich-Schilling 24–26 (Nr. 4)

Verleih uns Frieden gnädiglich (EG 421)

Ein Lied mit weiter Verbreitung und vielen Möglichkeiten

Die Strophe *Verleih uns Frieden gnädiglich* gehört zu den weltweit bekannten und über die Konfessionsgrenzen hinweg gesungenen Luther-Liedern. Sie hat bis heute ihre Kraft und Beliebtheit bewahrt. Fast wörtliche Übersetzung einer alten lateinischen Antiphon, verbindet *Verleih uns Frieden gnädiglich* Kirchen und Menschen durch Räume und Zeiten und schafft Frieden zwischen denen, die miteinander singen. In seiner Übersetzung hat Luther auch eigene reformatorische Akzente gesetzt.

Die einstrophige Form, die in der frühmittelalterlichen Antiphon *Pro Pace* ihre Vorlage hat, reizte von Anfang an bis in die Gegenwart dazu, weitere Strophen zu dichten. Bereits in einem Nürnberger Gesangbuch von 1531 findet sich das Lied in vierstrophiger Gestalt. Sehr verbreitet war eine von Johann Walter 1566 gedichtete Zusatzstrophe *Gib unsrem Fürsten und aller Obrigkeit*, die noch 1950 ins EKG aufgenommen wurde. Wie viele andere nimmt sie Bezug auf die sich der Antiphon anschließende Kollekte, die ebenfalls von Luther übersetzt worden war. Auch im Berliner Regionalteil des katholischen Gesangbuchs »Gotteslob« (2013) folgen auf die Originalstrophe die dieser durchaus angemessenen Verse: *Dass es gesündigt schwer und oft,/ sich gegen dich vermessen,/ das sei dem Volk, das auf dich hofft,/ verziehen und vergessen / um Christi Blut alleine./ So flehen wir zu dir erneut,/ du wollst in diesen Zeiten / uns vor dem Feinde Sicherheit / durch deinen Schutz bereiten!/ Lob, Ehr sei dir alleine!* Andererseits wurde die angesichts der Türkengefahr 1528/29 gedichtete Friedensstrophe seit 1543 auch gern an das andere »Türkenlied«, *Erhalt uns, Herr, bei deinem Wort* (EG 193), als vierte Strophe angehängt.

Die auffallend weite Verbreitung mag auch damit zusammenhängen, dass das Lied mannigfach einsetzbar ist: als Themenlied im Zusammenhang von Kriegsgefahr und Kriegserfahrung; als Liturgiegesang etwa beim Abschluss des Gottesdienstes vor dem Segen, zwischen den Lesungen oder an Stelle des Fürbittengebets. Diese beiden Verwendungsstränge zeigen sich auch darin, dass die Strophe in den Gesangbüchern in verschiedene Rubriken eingeordnet wurde. Schließlich wurde das Lied auch außerhalb des Gottesdienstes gesungen, z.B. auf den Dörfern während des dreimal täglichen sogenannten *Pro-Pace*-Läutens in Kriegszeiten: »Das Gebetlein ist zu allen Zeiten in gesegnetem Gebrauch gestanden. Man schlug ehemals dreimal des Tages an die Glocken, daß dieser Gesang vom Volke Morgens, Mittags und Abends sollte gesungen werden, und nannte dies bloß das Pacem läuten« (Eduard Emil Koch).

Friedensbitte in äußerer Gefahr

Verleih uns Frieden entstand unter dem Eindruck der wachsenden Bedrohung der jungen evangelischen Kirche durch Kaiser und Papst rund um den Reichstag zu Speyer im Februar 1529 sowie im Kontext der wieder aufbrechenden Türkengefahr Ende 1528 oder Anfang 1529. Die Friedensstrophe taucht zum ersten Mal als Abschluss der ebenfalls von Luther übersetzten Litanei (vgl. EG 192) in einem Nürnberger Einzeldruck (1529) auf. Die deutsche Fassung des Litaneigebets hatte Luther angesichts der wachsenden Türkengefahr Anfang 1529 verfasst. Seit der osmanischen Eroberung Konstantinopels im Jahre 1453 galt »der Türke« als Erbfeind des christlichen Europa. Mit dem Machtantritt Sultans Suleiman II. (»des Prächtigen«) im Jahr 1520 griff die Türkenangst wieder verstärkt um sich. Suleiman hatte von Beginn seiner Regentschaft an mehrfach Kriegs- und Beutezüge nach Europa unternommen, um seinen Machtbereich zu erweitern. 1521 hatte er Belgrad erobert, 1522 nach der Kapitulation der Johanniter auf Rhodos die Kontrolle über den venezianischen und genuesischen Handel übernommen und im August 1526 in der Schlacht von Mohács den ungarischen König Ludwig II. besiegt und getötet. Nun schickte er sich abermals an, über den Balkan nach Mitteleuropa vorzudringen. Im Sommer 1529 fällt Suleiman in Ungarn ein, im Herbst 1529 steht er vor den Toren Wiens. Der österreichische König Ferdinand, Bruder Kaiser Karls V., bittet um militärische Hilfe des Reiches. Das christliche Europa hält in Panik den Atem an.

Luther hatte sich sowohl politisch als auch theologisch wiederholt mit der Türkengefahr beschäftigt und bereits im Sommer 1528 mit der Abfassung der Schrift »Vom Kriege wider die Türken« begonnen, die allerdings erst im Frühjahr 1529 erscheinen konnte. Dabei ordnete er die Türkengefahr theologisch als Strafe Gottes und als ultimative Vorbotin des Jüngsten Gerichts ein. Gleichwohl sei nicht Fatalismus angesagt, vielmehr sei das christliche Europa, insbesondere der Kaiser, aufgerufen, militärischen Widerstand zu leisten. Auch die Bürger seien verpflichtet, Kriegssteuer zu zahlen. Luther versuchte die Ereignisse mit Hilfe apokalyptischer Bibeltexte wie Hesekiel 38f. (Gog und Magog), Daniel 7 oder Offenbarung 20 zu deuten und seine Hörer und Leser zu Umkehr und Buße zu bewegen. »Die biblisch-eschatologische Geschichtsschau sollte in der aktuellen Gefährdung Trost sowie Mahnung zu Besserung und Gebet sein« (Martin Brecht). In diesen Kontext gehört das Bittlied um den Frieden *Verleih uns Frieden gnädiglich.*

Friede, der Gerechtigkeit einschließt

Wenn man den deutschen Text Martin Luthers mit der lateinischen Vorlage der Antiphon vergleicht, dann fallen zwei bezeichnende Hinzufügungen auf, und zwar die Worte *gnädiglich* und *alleine.* Sie zeigen den Reformator als Prediger der Exklusivität des Gnadenhandelns Gottes. Nicht von ungefähr konnte der Kern lutherischer Theologie in den vier Exklusivpartikeln (*sola gratia, sola fide, solus Christus, sola scriptura*) zum Ausdruck gebracht werden. Das Adverb *gnädiglich* weist auf die Unverdientheit der Friedensgabe hin und unterstreicht damit den Bittcharakter des Liedes. Der Friede, der hier erbeten wird, muss vom hebräischen *Schalom* her verstanden werden, ein Gerechtigkeit einschließender Friede für Völker und Einzelne, für Leib, Seele und Geist, wie ihn Jesus verheißt (Joh 14,27). Heute fassen wir auch den Frieden mit der Natur darunter, worauf auch die Rubrizierung im EG hindeutet (»Erhaltung der Schöpfung, Frieden und Gerechtigkeit«). Bei dem Verbum *streiten*, an dem gelegentlich Anstoß genommen wird, muss einerseits die frühneuhochdeutsche Wortbedeutung im Sinne von »etwas verfechten« (vgl. *Ein feste Burg ist unser Gott,* EG 362,2: *es streit' für uns der rechte Mann*) mitgehört werden, andererseits scheint Luther hier wirklich an den endzeitlichen Kampf zwischen Gott und Satan gedacht zu haben, in dem der Allmächtige als Kämpfer faktisch unvertretbar ist. Trotz dieser apokalyptischen Perspektive sind durch die Wendung *zu unsern Zeiten* immer auch die konkreten und aktuellen politischen Verhältnisse in die Fürbitte eingeschlossen.

Eine Melodie in zwei Fassungen

Dass in diesem Lied tatsächlich um die Abwendung der Türkengefahr gebetet wird, ist häufig auch aus Luthers Melodiewahl geschlossen worden. Der Reformator hat sich bewusst gegen die Weise der Antiphon und für die des alten ambrosianischen Hymnus *Veni redemptor gentium* entschieden. Luther wird Jahre später auf dieselbe Melodie zurückgreifen, wenn er sein »Kinderlied« »wider die zwei Erzfeinde der Kirche, den Papst und die Türken«, *Erhalt uns, Herr, bei deinem Wort* (EG 193), schreiben wird.

Sowohl im EKG als auch im EG sind zwei Melodiefassungen abgedruckt, eine ältere choralmäßig notierte Melodie (vgl. EG 421 oben) und die heute gebräuchliche syllabische Melodie (vgl. EG 421 unten). Luther hatte zunächst die ältere Melodie fast unverändert übernommen, hat sie dann aber noch einmal bearbeitet. Die heute gebräuchliche Melodie ist eine dorische Weise, die die fünfzeilige, in jambischem Versmaß mit Kreuzreim gehaltene Strophe zum Klingen bringt. Die dorische Tonart manifestiert sich in der großen Unter- und Obersekunde (7. und 2. Tonstufe). Die dorischtypische große Sext wird allerdings nicht erreicht, die Weise verharrt in einem – dem Text gemäßen – ruhigen Sechstonraum (Hexachord) und bewegt sich in Tonschritten und Terzsprüngen. Jambisches Versmaß und Kreuzreim betreffen nur die ersten vier Zeilen, die der Hymnus vorgab. Die fünfte, von Luther selbst geschaffene Zeile beginnt mit einem Quartsprung und weist eher ein trochäisches Versmaß auf, das Schlusswort *alleine* bleibt ohne Reimpartner. Es steht allein und unterstreicht so auch formal die von Luther der lateinischen Vorlage hinzugefügte Alleinstellung der friedlichen Streitmacht Gottes.

Bernhard Schmidt

Ausgaben

WA 35, 458 (Nr. 27)
WA.A 4, 274f. (Nr. 30)
Heidrich-Schilling 102f. (Nr. 26)

Lieder nach biblischen Vorlagen

Ein feste Burg ist unser Gott (Psalm 46; EG 362)

2. Mit unsrer Macht ist nichts getan,
wir sind gar bald verloren;
es streit' für uns der rechte Mann,
den Gott hat selbst erkoren.
Fragst du, wer der ist?
Er heißt Jesus Christ,
der Herr Zebaoth,
und ist kein andrer Gott,
das Feld muss er behalten.

3. Und wenn die Welt voll Teufel wär
und wollt uns gar verschlingen,
so fürchten wir uns nicht so sehr,
es soll uns doch gelingen.
Der Fürst dieser Welt,
wie sau'r er sich stellt,
tut er uns doch nicht;
das macht, er ist gericht':
Ein Wörtlein kann ihn fällen.

4. Das Wort sie sollen lassen stahn
und kein' Dank dazu haben;
er ist bei uns wohl auf dem Plan
mit seinem Geist und Gaben.
Nehmen sie den Leib,
Gut, Ehr, Kind und Weib:
Lass fahren dahin,
sie haben's kein' Gewinn,
das Reich muss uns doch bleiben.

Eine schwierige Gebrauchsgeschichte

»Kampflied«, »Trutzlied«, »Kriegslied«, »Schlachtlied«, »Feldgeschrei«, »Triumphgesang«, »Siegeslied«, »Marseillaise« sind Titel, die dem bekanntesten Lied Martin Luthers im Lauf seiner Gebrauchsgeschichte beigegeben wurden. Sie benennen nicht nur die Tonart protestantischen Bekennens und konfessioneller Abgrenzung, wenn *Ein feste Burg* »das Lutherlied«, »das Lied der evangelischen Kirche« wird für gottesdienstliche Gelegenheiten, kirchliche Feste und Reformationsjubiläen. Es diente weit darüber hinaus als Stimme patriotischer bis nationalistischer Gesinnung von Nation, Gesellschaft, Obrigkeit, Militär bei repräsentativen Veranstaltungen, bei Festakten wie Kaisers Geburtstag, bei Truppenauszug und Kriegserfolgsmeldung; bereitgestellt im Militärgesangbuch, Kriegsalmanach, Kommersbuch der Studentenschaft, Parteiliederbuch – bis hin zur vollends perversen Inanspruchnahme im »Dritten Reich« für nationalsozialistische Feiern. *Ein feste Burg* singen die sympathisierenden »Deutschen Christen«, singt aber auch die »Bekennende Kirche« im Widerstand. Das Lied stimmen Skandinavier gegen die deutschen Besatzer, dann auch gegen die drohende kommunistische Herrschaft an. Es ist Lied auch der Anti-Atomkraft-Protestbewegung und psychotherapeutischer Andacht. Es reizte vom 16. Jahrhundert bis zur Gegenwart wie kein anderes Kirchenlied zu Nachdichtungen und Parodien verschiedenster Stoßrichtung.

Was war das Lied für Luther selbst und seine Zeitgenossen? Wie konnte es auf solche Wege geraten?

Lied und Psalm

Das Lied erscheint 1529 in Nürnberg und Augsburg; es ist in Wittenberg im Gesangbuch Klugs von 1533 erhalten, war aber wahrscheinlich schon in der verschollenen Auflage von 1529 veröffentlicht (s. Einleitung). Es wird 1527, 1528 entstanden sein. Erste Überschriften weisen es als Bearbeitung des 46. Psalms *Deus noster refugium et virtus* aus, eines *Trostpsalms.* In Wittenberg wird es unter die Psalmlieder des Reformators eingereiht. Aber es ist nicht eigentlich ein »Psalmlied«, auch nicht im Sinn und Maß der freieren unter den sechs liedhaften Psalmbearbeitungen Luthers von 1523/24 (wie EG 273 und 299), geschweige im Vergleich mit der Genfer Tradition. Luther deutet die Psalmen christologisch, namentlich in diesem Fall (*Er heißt Jesus Christ,/ der Herr Zebaoth* 2,6). Wortnah und zusammenhängend übernommen ist nur der Psalmeingang. Luther übersetzt 1524: »Gott ist unsere Zuversicht und Stärke, eine Hilfe in den großen Nöten, die uns troffen haben«; Vulgata: *Deus noster refugium et virtus; Adjutor in tribulationibus quae invenerunt nos nimis.* Daraus sind die vier Eingangsverse des Liedes gebildet, die Kopfzeilen also und damit die wirkungsträchtigen Kennverse dieses bekanntesten, meist behandelten und höchst umstrittenen Lutherliedes. Deutlich klingen noch an: Psalmvers 3 »Darum fürchten wir uns nicht«, und der Psalmrefrain V. 8.12 »Der Herr Zebaoth ist mit uns, der Gott Jakobs ist unser Schutz«. Im Übrigen hält sich Luther an den Gesamtsinn des Psalms, den er in den »Summarien« von 1531 für den neutestamentlichen Gebrauch so formulieren wird: »Wir aber singen ihn Gott zu Lobe, dass er bei uns ist, und sein Wort und die Christenheit wunderbarlich erhält wider die höllischen Pforten, wider das Wüten aller Teufel, der Rottengeister, der Welt, des Fleisches, der Sünden, des Todes etc.« (WA 38, 35,7–19). Aus dem komplexen Bildbereich des Psalms mit seinen mythisch-kosmischen Elementen (verschlingende Urflut, bewahrte Stadt) übernimmt er nur die Bildsphäre des Kampfes und arbeitet sie konsequent aus. Er folgt in groben Zügen dem Ablauf des Psalms: die bedrängenden Feinde, Gottes schützende Gegenwart, sein Sieg. Man wird zusammenfassen können: Nicht die Umformung des 46. Psalms zum Lied ist Luthers primäres Anliegen. Der Psalmbezug erlaubt ihm, die Situation von Bedrohung, Bedrängnis, Anfechtung und die Vergewisserung der Hilfe Gottes als eine biblisch bezeugte heilsgeschichtliche Grundsituation zu verstehen und wirkungsvoll darzubieten. Die Psalmen insgesamt sind für ihn »tröstlich allen betrübten, elenden Gewissen, die in der Sünden Angst, und Todes Marter und Furcht und allerlei Not und Jammer stecken« (WA 54, 33,35f).

Hilfe in Bedrohung

Strophe 1 benennt genau dies als Ausgangssituation und Anlass des Liedes: *Not, die uns jetzt hat betroffen.* Was diese Not *jetzt* beinhaltet, wird nicht konkretisiert. Für 1527 und 1528 wurden u.a. vorgeschlagen: Luthers schwere Erkrankung, die Pest in Wittenberg, der Tod von Weggefährten; die äußere Bedrohung durch die Türken, die innere durch die »Papisten«, die »Schwärmer« und »Rottengeister«. Strophe 4 wird umreißen: Die Bedrohung betrifft nicht weniger als das nackte Leben (*Leib*), die lebensnotwendige gesellschaftliche Einbettung und Bestätigung (*Ehr*) und die Leben erhaltenden Grundbedingungen (*Gut, Weib, Kind*), aber auch die grundlegenden Heilsbedingungen (*Wort, Reich*). Wenn Luther von *aller Not* singt, will er offensichtlich uneingeschränkt jedwede Not aller, die mit ihm singen, eingeschlossen wissen. Jedenfalls weiß er sogleich zu benennen, wer letztlich hinter *aller Not* steht: *der alt böse Feind*, der Widersacher Gottes und der Menschen von alters her, der *jetzt Ernst* macht. Luther versteht den reformatorischen Aufbruch bei noch offenem Ausgang als entscheidende Situation im heilsgeschichtlichen Kampf zwischen Gott und dem Widersacher, der zwar durch Christus besiegt ist, dem aber Zugriff auf die Glaubenden durch Versuchung, Anfechtung, Verfolgung, Bedrängung jeder Art eingeräumt ist. Luther setzt den Widersacher als goliathhaften Krieger ins

Bild in *grausamer*, Furcht und Schrecken einjagender *Rüstung*, die sowohl von Macht (Eph 2,2; 6,12) wie auch von List (Eph 6,11) kündet, hochgesteigert: von *groß Macht* und *viel List. Auf Erd ist nicht seins gleichen.*

Bedrohung dieses Ausmaßes bedarf der Hilfe. Es kann nur die Hilfe Gottes sein. Sie muss nicht erst bereitgestellt werden, sie steht schon bereit. Das ist versichert, wenn das Lied nicht mit der Not, sondern mit der Hilfe beginnt. Dennoch muss man sich ihrer vergewissern, jetzt und immer wieder. Das ist die Aufgabe des Liedes. Wie dann der Widersacher ist auch Gott im wirkungsstarken Bildbereich des Kampfes dargestellt. So wird die *Zuversicht* der Prosaübersetzung über das *refugium* der immer mitbenutzten Vulgata zur *Burg*, Inbegriff des Zufluchts-, Bergungs-, Rettungsortes, wie er den Zeitgenossen vor Augen stand und wie ihn die Bibel (z.B. Ps 91,2) und auch die weltliche Literatur in ihren Kampfszenen darbieten. Gott ist *Burg*, gesteigert zu *feste Burg. Stärke* (Vulgata *virtus*) wird verbildlicht zu *gute Wehr und Waffen*, durch die die Burg befestigt ist, mit denen man dem Feind auch auf freiem Feld entgegentreten kann (vgl. Eph 6,10–17). Sie sind höchst nötig, stehen bereit und geben Vertrauen auf die Befreiung aus *aller*, auch der tiefsten *Not.*

Luther hat vom ersten Vers an die Rhetorik seiner Zeit genutzt, die darauf ausgerichtet ist, die Herzen für das jeweilige Thema zu »bewegen«. Er hat Notlage und Hilfe ins dramatische Bild des Kampfes gerückt, die Gegensätze scharf markiert, die Positionen auf ihren letzten Grund, *Gott* und *Feind*, zurückgeführt, die Maßangaben ständig gesteigert (*feste Burg, gute Wehr und Waffen, aller Not, groß Macht, viel List, nicht seinsgleichen*). Er hat hier und durchgehend die Struktur der 9-zeiligen Strophe für eine übersichtliche Gliederung des Inhalts genutzt. Der metrisch-musikalische Aufgesang mit den beiden identischen Stollen (ab, ab) nimmt Gottes Macht und Hilfe auf. Der davon abweichende Abgesang (ccddx) bringt die gegensätzliche Haltung des *Feindes* zu Gehör. Der reimlose, abgehobene, betonte Schlussvers fasst pointiert zusammen (*nicht seinsgleichen*).

Jesus Christus streitet für uns

Strophe 2 bringt nach Gott und dem Widersacher zunächst *uns* ins Spiel, und zwar als diejenigen, die sich aus ihrer Notlage nicht selbst befreien können. Unsere Unfähigkeit zur Selbsthilfe, die Luther auch in den Liedern immer wieder betont (EG 341,2.3; 101,2; 299,2.3; 215,6), ist konsequent im Bildbereich des Liedes formuliert: *unsrer Macht ... nichts getan ... gar bald verloren.* Gott selbst musste eingreifen. Er hat einen stellvertretenden *Streiter*, einen Heerführer oder Vertreter im militärisch-gerichtlichen Zweikampf, den *rechten Mann* jedenfalls, *für uns* bereitgestellt. Es ist ein rhetorisches – und seelsorgerlich-katechetisches –

Meisterstück, wie Luther dessen Namen aus der umgebenden Darstellungsebene heraustreten lässt. Er fingiert eine Frage (*Fragst du, wer der ist?*) und lässt einen Gewährsmann bekennen und belehren (*Er heißt Jesus Christ*). Dieser Streiter ist dem Gegner mehr als ebenbürtig. War dieser ohnegleichen *auf Erd*, so ist Christus Herr der himmlischen Heerscharen (*Zebaoth*), ja Gott und alleiniger Gott (*kein andrer Gott*). Das Fazit in der Schlusszeile: *das Feld muss er behalten.*

Seelsorge in der Anfechtung

Strophe 3: Die Konstellation *Feind – wir* hatte ergeben: *wir sind gar bald verloren.* Die Konstellation *rechter* Streiter – *wir* wird ergeben: *es soll uns doch gelingen* (3,4). Die Strophe ist darstellerisch geprägt durch zwei große Konzessivsätze (*Und wenn ...; wie sau'r ...*) im Auf- und Abgesang. In ihnen wird, rhetorisch, dem Gegner noch einmal das höchste denkbare Maß an Macht und Bedrohung zugestanden – und zugleich eine unüberschreitbare letzte Grenze gesetzt. Luther entwirft die apokalyptische Schreckensvision einer *Welt voll Teufel*, die ihre vernichtende Gewalt in alle Enden der Welt und unseres Lebens ausbreiten wollen (*uns ganz und gar verschlingen*). Sie kann uns *fürchten* lehren, selbst mit dem göttlichen Streiter an unserer Seite. Mit ihm aber *fürchten wir uns nicht so sehr*; nicht *zu sehr* in anderer Überlieferung. Eine Seelsorge der Anfechtung, in der auf Verharmlosung und Beschwichtigung ebenso wie auf Widerstandspathos verzichtet ist, auch im Folgenden. Der Gegner erhält für seine Machtfülle den Titel *Fürst dieser Welt* (Joh 12,31; 14,30; 16,11; Eph 2,2) zugesprochen, und er kann uns durchaus Schaden zufügen, wenn auch nicht im Maß seiner zerstörerischen Absicht und drohenden Gebärde (*wie sau'r er sich stellt*).

Die 3.Strophe ist zwar noch im Vorstellungsbereich einer aggressiven Bedrohung formuliert, aber bereits nicht mehr in der strengeren militärischen Fachterminologie wie die 1. und 2. Strophe. In ihr beginnt bereits, was die 4. Strophe fortsetzen wird: die deutende Übersetzung der kriegerischen Bildsprache in die Sprache und die Kategorien der Theologie.

Vom Bild zum Wort

Luther hat es nicht beim bildhaften rhetorischen Appell belassen. Glaube als Vertrauensakt (*fiducia*) kann dadurch gefördert werden; heilsgeschichtliche Erkenntnis (*cognitio*) muss hinzutreten. Ein begründendes *das macht* (3,8) ist der Übergang. Der Widersacher *ist* bereits *gericht'* (Joh 16,11). Darin ist seine Macht begrenzt. Hilfe finden können die Bedrohten und Angefochtenen im *Wort.* Die Verkleinerungsform *Wörtlein* mag vom ›fällenden‹ kurzen »Ich bin's« Jesu im Garten Gethsemane ausgelöst sein (Joh 18,6) oder vom kurzen Wort »Jesus« oder von einem »Teuffel, du lügst« (WA 51, 470,2); im Liedkontext wird sie, nicht ohne Spott, die scheinbare Unscheinbarkeit des Kampfmittels *Wort* gegenüber dem Rüstungsaufwand des Gegners bezeichnen: Auch *ironia* ist ein rhetorisches Mittel der Zeit.

Strophe 4: Zur Begrenzung der feindlichen Macht gegenüber den angefochtenen Glaubenden und zur Auflösung der Bildrede gehört, dass *sie*, die nicht näher bestimmten und damit umfassend gemeinten Handlanger des *Feindes*, das *Wort* stehen lassen müssen, ob sie wollen oder nicht. Dieses Verständnis des viel umrätselten Satzes *das Wort sie sollen lassen stahn* scheint nach Kontext und sprachgeschichtlichem Befund das angemessenste. *Sollen* ist ursprünglich und noch zeitgenössisch »müssen«; *ohne Dank* gibt *nolens volens* wieder. Außer mit dem *Wort* als reformatorisch betonter Glaubensgrundlage ist Christus konkret jetzt bei uns und für uns da *mit seinem Geist und Gaben*, dem hinterlassenen Helfer, Tröster, Gabenquell (Joh 14,16f.; 15,26; EG 126,2.4). Machtbegrenzung des Feindes ist weiterhin und abschließend: *das Reich muss uns doch bleiben.* Nimmt man hinzu, dass im äußersten Fall Leben und die irdischen Lebensgüter (*Leib, Gut* ...) nicht geschützt sind und abgefordert werden können, so ist mit *Reich* weniger der endzeitliche Zustand betont als die schon eröffnete neue Lebensmöglichkeit, wenn Gott die Glaubenden mit dem Evangelium von Jesus Christus ›regiert‹. Der Teufel »hat nun wohl erfahren, dass er Gottes Reich damit nicht dämpfen kann noch die Christenheit vertilgen, ob er ihr gleich Leib und Leben nimmt« (WA 34/II, 381,27f).

Vom Trost- zum Kampflied und wieder zurück

Not, Bedrängnis, Furcht, Anfechtung als Ausgangslage – Vergewisserung der helfenden Gegenwart Gottes als Ziel des Liedes. Die neuere Kirchenliedforschung stuft es mit Nachdruck als »Trostlied« ein. »Bekenntnislied« ist es allenfalls, indem es sich zur Ohnmacht der Kirche und zur alleinigen und vollen Macht Gottes in Christus bekennt. Umso dringlicher die Frage, warum es auf die genannten Wege geraten ist. Sie lässt sich nur im komplexen Zusammenhang der Kirchen- und Gesamtgeschichte erklären und verarbeiten, wobei die Frage der Macht eine zentrale Rolle spielt. Wesentliche Weichenstellung geschieht in der »Konfessionalisierung«, in die Reformation und Gegenreformation münden, geschieht im unblutigen und blutigen Wirrwarr von Identitätsbegründungen und Abgrenzungen. Hier erfährt das Lied die entscheidende Akzentverschiebung. Aus *Ein feste Burg ist unser G o t t* wird *Ein feste Burg ist u n s e r Gott.* Gott wird in Anspruch genommen für *uns*, die Evangelischen, dann, ab dem 19. Jahrhundert, auch für *uns*, die Deutschen. Die »Leerstelle« *unser* konnte noch weiter aufgefüllt werden.

Der Bildbereich des Kampfes, in dem Gottes Hilfe für *uns* Ohnmächtige in Psalmtradition eindringlich tröstend formuliert war, verselbständigte sich aus diesem Zusammenhang. *Burg*, letzter Zufluchtsort, trat hinter *Waffen*gang zurück. Gottes Eintreten für *uns* im heilsgeschichtlichen Kampf gegen die Unheilsmächte wird zur Ermächtigung *unseres* kämpferischen Eintretens für je *unsere* Sache. *Lass fahren dahin*, letzte Ergebung und Einwilligung, nur zugemutet, weil vor Augen steht, was *sie* nicht nehmen können, Gottes Heil, wird Teil einer heroischen Geste: Wir fürchten uns nicht, *und wenn die Welt voll Teufel wär, es muss uns doch gelingen*, wir sind bereit, heldenhaft unser Leben zu geben! *Reich* konnte mit jedweder Machtideologie und ihrem Anspruch auf Dauer aufgefüllt werden und musste schon im 16. und bis ins 19.Jahrhundert mit Lesarten wie »Reich Gott's«, »Gott's Reich« geschützt werden.

Es ist nicht leicht, das Lied aus seinen Traditionen zu befreien und wiederzugewinnen für das, was es war und noch sein könnte, ein »Trostlied«. Es fällt uns heute schwer, Themen des Glaubens und der Kirche in kriegerischer Metaphorik zu hören oder in der 4. Strophe zu singen, was als abgepresstes, vorlaufendes Versprechen des Lebensopfers erscheinen könnte. Ein didaktischer Weg könnte sein, das Lied nicht von *Burg, Wehr und Waffen* aus lesen, hören und singen zu lehren, sondern von *wir fürchten uns*. Die bedrängenden Machtkämpfe um Lebensauffassung und -gestaltung sind in unserer ausdifferenziert säkularisierten und gleichzeitig globalisierten Welt vielfältiger, komplexer, versteckter geworden, sie betreffen nicht mehr nur den religiösen Bereich, sondern umfassen den politischen, sozialen, wirtschaftlichen mit Zwängen, Programmen, Utopien, können sich aber auch neu in fundamentalen biblischen Konstellationen wie etwa dem Dualismus von Gottesdienst und Mammondienst (Mt 6,24) darbieten. Christenverfolgung rangiert, weltweit gesehen, mit Abstand vor der Bedrohung anderer Religionsangehöriger. Es wird zu erproben sein, was Luthers bekanntestes Lied, das Sprach-, Kultur- und Konfessionsgrenzen weit überschritten hat, jeweils aufnehmen und austragen kann.

Eine Melodie in zwei Formen[5]

Auch die Melodie dieses Liedes stammt mutmaßlich von Luther, wenngleich sich für Luthers Autorschaft kein endgültiger Beleg beibringen lässt. Sie bewegt sich wie andere Melodien des Reformators (*Vom Himmel hoch, da komm ich her* oder *Ein neues Lied wir heben an*) ursprünglich im F-Oktavraum. Eine ältere Vorlage ist nicht auszumachen, will man nicht Luthers eigene Melodie zu *Ein neues Lied wir heben an* zu einem solchen Vorbild erklären. Die Analogien der Melodie von *Ein*

5 Der Abschnitt zur Melodie stammt von Gunter Kennel.

feste Burg zu den anderen genannten Melodien zeigen, dass sie offenbar einem gewissen Typus folgt, für den die Kombination von linear ab- und ansteigenden Tonfolgen und Sprüngen zwischen den Dreiklangstönen kennzeichnend ist.

Andere, in ähnlicher Weise individuell geformte Vertreter dieses Typus sind die beiden Melodien von Philipp Nikolai zu seinen Liedern *Wachet auf, ruft uns die Stimme* und *Wie schön leuchtet der Morgenstern.*

Der Beginn von *Ein feste Burg* mit dem dreimaligen Wiederholen des Grundtons wirkt wie eine Initiale, in der der Gesamtgehalt des Liedes als Ausdruck festen Vertrauens auf Gottes Stärke zum Ausdruck kommt. Als Gegengewicht zu diesem gleichsam insistierenden Beginn wird der weitere Melodieverlauf durch immer wieder auftretende synkopische Wendungen verlebendigt und gleichsam »individualisiert«. Formal abgerundet wird die Melodie durch die Wiederholung der Abschlusswendung der Stollen in der letzten Liedzeile. Durch ihren Verlauf, vor allem auf Grund ihrer rhythmischen Gestalt hat die Melodie etwas heroldhaft Verkündigendes, dem aber zugleich etwas schwebend Schwingendes, fast Tänzerisches eignet. Die spätere Form der Melodie mit ihren den originalen Halben entsprechenden langsamen Vierteln, die nur von einigen Achteldurchgängen unterbrochen werden, gibt die Leichtigkeit der originalen Melodie auf und verstärkt das Trutzige, Bekenntnishafte und Proklamatorische. Damit leistet diese Melodieform den entsprechenden Rezeptionsformen des Textes ab dem 19. Jahrhundert deutlich Vorschub und verstärkt diese.

Gerhard Hahn

Ausgaben

WA 35, 455–457 (Nr. 26)
WA.A 4, 247–249 (Nr. 28)
Heidrich-Schilling 98–101 (Nr. 25)

Aus tiefer Not schrei ich zu dir (Psalm 130; EG 299)

2. Bei dir gilt nichts denn Gnad und Gunst,
die Sünde zu vergeben;
es ist doch unser Tun umsonst
auch in dem besten Leben.
Vor dir niemand sich rühmen kann,
des muss dich fürchten jedermann
und deiner Gnade leben.

3. Darum auf Gott will hoffen ich,
auf mein Verdienst nicht bauen;
auf ihn mein Herz soll lassen sich
und seiner Güte trauen,
die mir zusagt sein wertes Wort;
das ist mein Trost und treuer Hort,
des will ich allzeit harren.

4. Und ob es währt bis in die Nacht
und wieder an den Morgen,
doch soll mein Herz an Gottes Macht
verzweifeln nicht noch sorgen.
So tu Israel rechter Art,
der aus dem Geist erzeuget ward,
und seines Gotts erharre.

5. Ob bei uns ist der Sünden viel,
bei Gott ist viel mehr Gnade;
sein Hand zu helfen hat kein Ziel,
wie groß auch sei der Schade.
Er ist allein der gute Hirt,
der Israel erlösen wird
aus seinen Sünden allen.

Psalm 130 existentiell intensiviert

»Aus der tieffen / Ruff ich HERr zu dyr. Das sind feine hefftige vnd seer grundtliche wortt eines wahrhafftigen rewigen hertzen / das ynn seinem iamer auff das allertieffest gekeert ist / ia nicht mueglich zuuerstehen / denn denen / die es fulen vnd erfaren/ Wir sind alle ynn tieffem grossem elende / aber wir fulen nicht alle wo wir sind.«

Mit diesen Worten eröffnet Martin Luther die Erklärung des 130. Psalms, des sechsten Bußpsalms, in seiner 1525 in zweiter Auflage erschienen Schrift »Die sieben Bußpsalmen in deutscher Auslegung«. Damit richtet er das Augenmerk auf eine Empfindung, die sich bei heutigen Leserinnen und Sängern des Liedes »Aus tiefer Not schrei ich zu dir« leicht einstellen kann: dass sie die Not, aus der hier um Rettung geschrien wird, in ihrer »Tiefe« gar nicht »fulen vnd erfaren«, also existenziell nachvollziehen können. Zugespitzt kann man sogar sagen, dass sich in dieser Unfähigkeit, die Gottesferne als existenzielle Not zu erleben, die reformatorische Entdeckung auswirkt, die in diesem Lied wie in kaum einem zweiten verdichtet ist: die Erkenntnis der Gnade Gottes, die dem Sünder unverdient zuteilwird. Dass Luther selbst eine solche Pointe seiner Verkündigung Gottes nicht intendierte, leuchtet sofort ein, wenn man seine Auslegung des 130. Psalms im Zusammenhang liest: Hier ist es die persönlich gefühlte Sündennot, die zu Gott um Vergebung schreien lässt, und nur und erst dem so an sich selbst verzweifelnden Menschen wird Gottes Gnade zuteil. Es gehört zweifellos zur Segensgeschichte der Reformation, dass sie der Christenheit den *sola gratia* vergebenden, *sola fide* rechtfertigenden Gott eingeprägt hat. Soweit darüber der zornige, der als Richter verurteilende Gott aus dem Blick – genauer: aus dem Gewissen – gewichen ist, kann man dies entweder grundsätzlich *begrüßen* oder als eine Verflachung der biblisch-reformatorischen Gottesverkündigung *beklagen*. Immerhin legt Luthers Nachdichtung des 130. Psalms, die den biblischen Psalmtext existenziell intensiviert, in ihrem Duktus selbst einen gelassenen Umgang mit dem theologischen Lehrsatz nahe, dass wir »alle ynn tieffem grossem elende« sind. Ohne in Abrede zu stellen, dass die Verzweiflung über die schuldhafte, unheilbare Gottesferne auch heute möglich und niemand prinzipiell dagegen gefeit ist, soll doch festgehalten werden, dass das Ausbleiben solcher Verzweiflung – »aber wir fulen nicht alle wo wir sind« – nicht von der Gnade Gottes ausschließt, ja, sogar als gnädige Wohltat *begrüßt* werden kann.

Prototyp in zwei Fassungen

Doch nun zu Luthers Lied! *Aus tiefer Not schrei ich zu dir* bildete einen Prototyp für das 1523/24 entwickelte Vorhaben, zunächst die sieben Bußpsalmen (Ps 6; 32; 38; 51; 102; 130; 143), für die Luthers Auslegung als exegetische Grundlage vorlag, auf längere Sicht aber wohl den ganzen Psalter in deutschen Liedern für die Gottesdienstgemeinde zur

Verfügung zu stellen. Die Absicht war, wie Luther schreibt, »dass das Wort Gottes auch durch den Gesang unter den Leuten bleibe«. Die Übertragung sollte vor allem dem Sinn der Psalmen verpflichtet und in der Wortwahl so frei sein, wie es dafür dienlich war. Das große Psalmliederprojekt ist dann nicht in Wittenberg, sondern Jahrzehnte später – mit anderen Akzenten – in Genf verwirklicht worden.

Zum Lied *Aus tiefer Not schrei ich zu dir* hat Luther zwei Anläufe genommen. Ende 1523 ist eine vierstrophige Textfassung entstanden, die von frühen Drucken des Jahres 1524 geboten wird. Anfangs teilte sich das Lied, ebenso wie Luthers etwa gleichzeitige Psalmbereimungen *Ach Gott, vom Himmel sieh darein* (EG 273 zu Ps 12) und *Es spricht der Unweisen Mund wohl* (zu Ps 14), die Melodie von *Nun freut euch, lieben Christen g'mein* (EG 341). Sehr bald aber gab Luther ihm eine eigene Melodie in phrygischem Modus, in deren Intervallsprüngen (v.a. Z. 1/3) und rhythmischer Bewegtheit (Z. 5.6) die Unruhe und das Aufbegehren, in deren ruhigen Abwärtsgängen (Z. 2.4.7) die Ergebung des Beters Resonanz findet. Luthers Melodie steht nun im EG an erster Stelle. Die Straßburger Alternativmelodie, ebenfalls von 1524, ist ein Werk von Wolfgang Dachstein. Es ist denkbar, dass Luther die Ausarbeitung der vierstrophigen Erstfassung zu dem fünfstrophigen Lied und die Komposition seiner neuen Melodie gleichzeitig vornahm; in dieser bis heute gültigen Text-Melodie-Kombination begegnet das Lied erstmals – ebenfalls bereits 1524 – im Wittenberger Chorgesangbuch von Johann Walter.

Vom Psalmlied zum Glaubenslied

Die spätere Version des Liedes verstärkt die rechtfertigungstheologischen Akzente, die sich bereits in der enger beim Psalm bleibenden Frühfassung ankündigen, so sehr, dass man von der Wandlung eines Psalmliedes zu einem Glaubenslied gesprochen hat (Markus Jenny). Schauen wir uns beide Versionen im Zusammenhang an! Schon die erste Zeile der ersten Strophe weist die erwähnte existenzielle Intensivierung des Psalms auf: »Aus der Tiefe rufe ich, Herr, zu dir« (V. 1) wird zu *Aus tiefer Not schrei ich zu dir*. Das allgemein gehaltene »Wenn du, Herr, Sünde anrechnen willst – Herr, wer wird bestehen« (V. 3) wird ins Subjektive gewendet: *Denn so du willst das sehen an,/ wie manche Sünd ich hab getan* [später wieder objektiv: *was Sünd und Unrecht ist getan*],/ *wer kann, Herr, vor dir bleiben?*

Die zweite Strophe der Frühfassung enthält über den Wortlaut der Psalmvorlage (V. 4–5) hinaus einige paraphrasierende und ergänzende Wendungen, die teilweise der Auffüllung der Zeilen und dem Gewinn von Reimwörtern dienen, mit *auch in dem besten Leben* aber auch einen rechtfertigungstheologischen Akzent setzen:

Psalm 130,4–5	*frühere Liedfassung, Str. 2*	*spätere Liedfassung, Str. 2–3*
4 Denn bei dir ist die Vergebung,	2. Es steht *in* deiner *Macht allein,* *die Sünden* zu vergeben,	2. Bei dir *gilt nichts denn* *Gnad und Gunst,* *die Sünde* zu vergeben;
	[s. Z. 4]	*es ist doch unser Tun umsonst* *auch in dem besten Leben.* *Vor dir niemand sich rühmen* *kann,*
dass man dich fürchte.	dass dich fürcht *beide,* *groß und klein,* *auch in dem besten Leben.*	des muss dich fürchten *jedermann* *und deiner Gnade leben.*
5 Ich harre des Herrn,	*Darum* auf Gott will hoffen ich,	3. Darum auf Gott will hoffen ich, *auf mein Verdienst nicht* *bauen;*
meine Seele harret,	mein Herz auf ihn soll lassen sich,	auf ihn mein Herz soll lassen sich *und seiner Güte trauen,* *die mir zusagt* sein *wertes* Wort; *das ist mein Trost und* *treuer Hort,*
und ich hoffe auf sein Wort.	ich will seins Worts erwarten.	des will ich allzeit harren.

In der Überarbeitung verstärkt Luther die rechtfertigungstheologische Profilierung des Psalms massiv: … *gilt nichts denn Gnad und Gunst … es ist doch unser Tun umsonst / auch in dem besten Leben./ Vor dir niemand sich rühmen kann … und deiner Gnade leben.* Da die ursprüngliche zweite Strophe wegen dieser Zusätze zu zwei Strophen (Str. 2–3) erweitert wird, wächst die Zweitfassung des Liedes auf fünf Strophen an.

Die beiden Schlussstrophen stimmen in beiden Versionen weitgehend überein, auch in ihren über den Psalmtext (V. 6–8) hinausgehenden Elementen. »Meine Seele wartet auf den Herrn« (V. 6) wird zur Selbstermutigung und -aufforderung: *soll mein Herz an Gottes Macht / verzweifeln nicht noch sorgen*; »… hoffe Israel auf den Herrn« (V. 7a) wird *So tu Israel rechter Art* [vgl. Gal 6,16] */ der aus dem Geist geboren* [vgl. Joh 3,6; spätere Fassung: *gezeuget] ward, und seines Worts erwartet [seines Gotts erharre].* »Bei dem Herrn ist die Gnade und viel Erlösung bei ihm« (V. 7b) wird in antithetischer Überbietung geradezu triumphierend zugespitzt: *Ist nun bei uns [Ob bei uns ist] der Sünden viel, bei Gott ist viel mehr Gnade …* (vgl. Röm 5,20). Über den Psalm hinaus werden Rettungsmacht und -wille Gottes mit Anklängen an das neutestamentliche Christuszeugnis gerühmt: *Sein Hand zu helfen hat kein Ziel,/*

wie schwer wir sind beladen [wie groß auch sei der Schade]. Er ist allein der gute Hirt …« (vgl. Mt 11,28; Joh 10,11). Das Lied schließt im Duktus und mit dem Wortlaut des Psalms: … *der Israel erlösen wird aus seinen Sünden allen.*

Schon der biblische Psalm ist seiner Gattung nach nicht eindeutig zu bestimmen; es mischen sich Elemente von Klage, Dank und Zuspruch des Heils. So verbleibt auch Luthers Lied nicht bei dem »tieffem grossem elende« des Anfangs, sondern schreitet vom Schrei um Rettung (Str. 1) über die Proklamation der vergebenden Gnade Gottes, auf die der Mensch ganz und gar angewiesen ist (Str. 2), zu dem nüchternen Entschluss fort, darauf zu vertrauen (Str. 3) und sich davon auch in harten Zeiten und unter schwierigen Umständen nicht abbringen zu lassen (Str. 4). Str. 5 proklamiert erneut und verstärkt die heilschaffende Gottesgnade (vgl. Str. 2). So ist der Grundton des in »der Tiefe« ansetzenden Liedes doch nicht die Angst oder Verzweiflung, sondern die ermutigte Gelassenheit, die sich einfach auf das Evangelium verlässt: *Auf ihn mein Herz soll lassen sich / und seiner Güte trauen,/ die mir zusagt sein wertes Wort …*

Martin Evang

Ausgaben

WA 35, 419–422 (Nr. 4.4a)
WA.A 4, 188–192 (Nr. 11)
Heidrich-Schilling 48–50 (Nr. 11)

Mit Fried und Freud ich fahr dahin (Lukas 2,29–32; EG 519)

2. Das macht Christus, wahr' Gottes Sohn,
der treu Heiland,
den du mich, Herr, hast sehen lan
und g'macht bekannt,
dass er sei das Leben mein
und Heil in Not und Sterben.

3. Den hast du allen vorgestellt
mit groß' Gnaden,
zu seinem Reich die ganze Welt
heißen laden
durch dein teuer heilsam Wort,
an allem Ort erschollen.

4. Er ist das Heil und selig Licht
für die Heiden,
zu 'rleuchten, die dich kennen nicht,
und zu weiden.
Er ist deins Volks Israel
Preis, Ehre, Freud und Wonne.

Eine biblische Vorlage

Dem Lied liegt ein neutestamentlicher Text zugrunde. Der Evangelist Lukas erzählt von der Begegnung des greisen Simeon mit dem Säugling Jesus im Tempel. Nach dem jüdischen Gesetz wurden die erstgeborenen Jungen »dargestellt«: Sie wurden als Eigentum Gottes angesehen, ihm rituell übergeben und durch ein Geldopfer ausgelöst. Als die Eltern Jesu dieser religiösen Pflicht im Tempel nachkommen, treffen sie auf den alten Simeon. Dieser ist zutiefst angerührt von dem Kind und erkennt in ihm den Heiland: »Herr, nun lässt du deinen Diener in Frieden fahren, wie du gesagt hast; denn meine Augen haben deinen Heiland gesehen, den du bereitet hast vor allen Völkern, ein Licht, zu erleuchten die Heiden und zum Preis deines Volkes Israel« (Lk 2,29–32).

Für Simeon kann sich nun der Lebenskreis schließen; die an ihn ergangene Verheißung, »er solle den Tod nicht sehen, er habe denn zuvor den Christus des Herrn gesehen« (Lk 2,26), ist in Erfüllung gegangen. Ein kleines Kind tröstet ihn angesichts des eigenen nahen Todes.

Das kurze Textstück – nach dem lateinischen Beginn *Nunc dimittis* (»Nun lässt du … fahren«) genannt – hat eine große Wirkungsgeschichte. Wie die beiden anderen psalmenartigen Gesänge aus dem Lukasevangelium – das Magnificat (Lobgesang der Maria, Lk 1,46–55) und das Benedictus (Lobgesang des Zacharias, Lk 1,68–79) – ist es in das Stundengebet aufgenommen worden. Es hat dort bis heute seinen festen Platz und wird täglich gebetet. Auch im Kirchenjahr ist das *Nunc dimittis* verankert, ist der Text doch die neutestamentliche Evangeliumslesung für den »Tag der Darstellung des Herrn« am 2. Februar.

Lukas 2,29–32	**Der Lobgesang des Simeon / *Nunc dimittis***
29 Herr, nun lässt du deinen Diener in Frieden fahren,	1. Myt frid und freud ich far dahin jnn Gotts wille. Getrost ist mir mein hertz und synn, sanfft und stille.
wie du gesagt hast;	Wie Gott mir verheissen hat: der tod ist mein schlaff worden.
	2. Das macht Christus, wahr Gottes son, der treu Heyland.
30 denn meine Augen haben deinen Heiland gesehen	Den du mich, Herr, hast sehen lan und macht bekand, Das er sey das leben und heyl ynn nott und sterben.
31 den du bereitet hast vor allen Völkern	3. Den hastu allen furgestellt mit gros gnaden, Zu seynem reich die gantzen wellt heyssen laden Durch deyn theur heylsams wort an allem ort erschollen.
32 ein Licht, zu erleuchten die Heiden	4. Er ist das hell und selig licht fur die heyden, Zur leuchten, die dich kennen nicht, und zu weyden.
Und zum Preis deines Volkes Israel.	Er ist deyns volcks Jsrael der preys, ehr, freud und wonne.

Luther kannte den Lobgesang des Simeon aus dem klösterlichen Nachtgebet, der Komplet. Sein Lied gehört zu den frühen Liedern, die bereits

1524 gedruckt wurden. Es erscheint erstmals in Johann Walters Chorgesangbuch.

Ein Trostlied im Sterben

Luther erweitert den kurzen biblischen Text zu einem vierstrophigen Lied und gewinnt damit Raum für eigene Ausdeutung. Dabei arbeitet er in den ersten beiden Strophen besonders die Situation eines Menschen im Angesicht des nahen Todes heraus. Anders als die biblische Vorlage beginnt das Lied nicht mit einer Gottesanrede, sondern mit einer Reflexion. Es ist die bange Frage nach dem Umgang mit dem eigenen Sterben, auf die das Lied eine Antwort gibt: *ich fahr dahin / in Gott's Wille.* Wer zu diesem göttlichen Willen ja sagen kann, erlebt: *getrost ist mir mein Herz und Sinn, / sanft und stille.* Nicht nur *Fried*en breitet sich aus, sondern sogar *Freude*. Der *Tod* wird zum *Schlaf.*

Mit der zweiten Strophe wird das Lied zu einem Gebet, Gott wird als *Herr* angesprochen. Wie die biblische Vorlage führt auch das Lied den Trost im Sterben auf die Begegnung mit dem *treu Heiland* zurück. Auf ihn, den *Christus, wahr' Gottes Sohn,* führt der Dichter zurück, dass *mein Herz und Sinn / sanft und stille* sind. Das Sehenlassen aber wird erweitert um das Bekanntmachen. Hier klingt die Verkündigung an, die in der dritten Strophe hervorgehoben wird. *Leben mein / und Heil in Not und Sterben* stellt Luther wirkungsvoll zusammen. Leben und Sterben bilden als die großen Themen die äußere Klammer um das Konkrete: Heil, vielleicht auch Heilung in Not.

Heil und Licht in Christus

Mit der dritten Strophe nimmt das Lied eine andere Wendung. Im direkten Anschluss an die vorige Strophe entfaltet Luther den Vers »den du bereitet hast allen Völkern« (Lk 2,31). Damit weitet sich der Blick aus der individuellen Sterbesituation und Begegnung mit dem Heiland hin zur *ganzen Welt.* Was der Einzelne erfahren hat – *den du mich, Herr, hast sehen lan / und g'macht bekannt* – erfahren nun alle: *Den du hast allen vorgestellt / mit groß Gnaden … durch dein teuer heilsam Wort, / an allem Ort erschollen.* Die dritte Strophe nimmt genau auf, was in der zweiten Strophe schon ausgeführt ist. Mit Augen und Ohren gestaltet sich die Begegnung mit dem Heiland, und zwar als Einladung an alle, an die *ganze Welt.* Eine weitere eher versteckte Brücke zwischen beiden Strophen ist in der Klangähnlichkeit zwischen der zweiten Zeile der zweiten Strophe und der fünften Zeile der dritten Strophe zu erkennen: *der treu Heiland – dein teuer heilsam Wort.* So wird hervorgehoben, wie heute und alle Tage der Heiland begegnet: in seinem Wort.

Der vierten Strophe liegt der etwas längere Vers 32 zugrunde, so dass nicht mehr so viel Raum bleibt zur erweiternden Ausdeutung. Die Heiden sind die, *die dich kennen nicht.* Als Reimwort zu *Heiden* tritt das Verb *weiden.* Es fällt auf, dass Luther in der Strophe bis auf drei Substantive (*Volk Israel* und *Wonne*) nur Worte mit den hell klingenden Vokalen e und i und den Diphthongen ei und eu verwendet. Die Aussage wird auf diese Weise mit sprachlichen Mitteln unterstrichen. Von hier aus zeigen sich auch für das gesamte Lied noch weitere sprachliche Beziehungen. Die letzten beiden Zeilen jeder Strophe sind ungereimt, werden aber durch einen strophenübergreifenden Endreim der letzten Zeilen miteinander verknüpft: *der Tod ist mein Schlaf worden – und Heil in Not und Sterben* (Strophen 1 und 2) sowie *an allen Orten erschollen – Preis, Ehre, Freud und Wonne* (Strophen 3 und 4).

Eine anspruchsvolle Melodie

Die Melodie ist anspruchsvoll, weshalb das Lied manchen eher als Sololied denn als Lied der Gemeinde gilt. Sie beginnt mit einem charakteristischen doppelten Aufgang, mit dem schon beim fünften Ton der Umfang einer Oktave ausgemessen wird. Auffallend ist die häufige Wiederkehr der Quinte *a.* Dieser Ton trägt die Melodie wesentlich, denn bis auf die Schlusszeile endet oder beginnt jede Melodiezeile mit *a.* Die dritte und letzte Zeile sind miteinander dadurch verbunden, dass in beiden der tiefste Ton *C* – also ein Ton unter dem Grundton der dorischen Melodie – erreicht wird: *sanft und stille – der Tod ist mein Schlaf worden.* Die Aussage des Textes, bezogen auf die erste Strophe, wird durch die Melodieführung deutlich hervorgehoben. Der Rhythmus gleicht in keiner Melodiezeile der anderen. Die erste Zeile ist die einzige ohne Ligaturen, hier ist jeder Silbe ein Ton zugeordnet. Dadurch sticht sie heraus und gewinnt fast den Charakter einer Überschrift. Die übrigen Melodiezeilen zeichnen sich durch verschieden gestaltete Ligaturen mit dem Wechsel von Vierteln und Achteln aus. Zusammen mit der mittleren Tonlage ergibt sich eine schwingende, lebendige Melodieführung.

Das Lied hat eine große Wirkungsgeschichte in der evangelischen Kirchenmusik. So liegt es den Kantaten Nr. 83, 106, 125 Johann Sebastian Bachs zugrunde, und in Brahms' Motette »Warum ist das Licht gegeben dem Mühseligen« erklingt die erste Strophe als Schlusschoral.

Ilsabe Alpermann

Ausgaben

WA 35, 438f.; 503f. (Nr. 13)
WA.A 4, 229–231 (Nr. 21)
Heidrich-Schilling 85–87 (Nr. 21)

Sie ist mir lieb, die werte Magd (Offenbarung 12)

2. Sie trägt von Gold so rein ein Kron,
da leuchten inn zwölf Sterne,
ihr Kleid ist wie die Sonne schon,
das glänzet hell und ferne;
und auf dem Mon
ihr Füße stohn;
sie ist die Braut,
dem Herrn vertraut.
Ihr ist weh und muss gebären
ein schönes Kind, den edlen Sohn
und aller Welt ein Herren,
dem sie ist unterton.

3. Das tut dem alten Drachen Zorn
und will das Kind verschlingen,
sein Toben ist doch ganz verlorn,
es kann ihm nicht gelingen.
Das Kind ist doch
gen Himmel hoch
genommen hin
und lässet ihn
auf Erden fast sehr wüten.
Die Mutter muss gar sein allein;
doch will sie Gott behüten
und der recht Vater sein.

Die älteste erhaltene Quelle des Liedes ist das Wittenberger Gesangbuch Joseph Klugs von 1535; es ist in eine Sammelgruppe der Lieder Luthers eingeordnet, die seinen spezifischen gottesdienstlichen und katechetischen Liedern angehängt ist. Es ist dort und noch in der Auflage von 1543 ohne Melodie. Eine solche ist erst 1545 im Leipziger Gesangbuch Valentin Babsts beigegeben. Vermutlich ging ein Einzeldruck voraus. Das Lied wird 1534 oder 1535 entstanden sein. Luther hat 1534 am Michaelisfest über die Epistelverse Offb 12,7–12 gepredigt (WA 37, 539–544).

Ein Liebeslied auf die Kirche

Das Lied trägt unter Luthers Augen in Wittenberg und auch in Leipzig die Überschrift: »Ein Lied von der Heiligen Christlichen Kirchen/ aus dem XII. Capitel Apocalypsis«.

Was uns aber in der 1. Strophe entgegentritt, scheint mit dieser Ankündigung nichts zu tun zu haben. Es ist von der ersten bis zur letzten Zeile ein Liebeslied auf eine *Magd*, eine junge Frau, abgefasst im gehobenen, »höfischen« Stil der Zeit, ein »Hoflied«. Die Strophe weist alle charakteristischen Merkmale dieser Liedgattung auf. Der Liebende spricht in der Ich-Form über die geliebte Frau. Die Strophe enthält die obligatorischen Grundmotive: den Frauenpreis (*Lob*) auf Eigenschaften, die andere wirkungsvoll bestätigen (sie ist *wert*; *Ehr und Zucht von ihr man sagt*); die Versicherung der eigenen unverbrüchlichen tiefen Liebe (*mir lieb ... nicht vergessen ... Herz besessen ... bin ihr hold*); die Erwartung auch ihrer liebenden und treuen Zuwendung in Gegenseitigkeit (*Lieb und Treu an mir ... zu mir setzen* [an mich wenden]); die Stillung aller seiner Lebensbedürfnisse (*tun all mein Begier*), besonders im Unglück, für das sie Trost und Hilfe anbietet (*mich des ergetzen* [ausgleichen]). All das ist in Sprachformeln ausgesagt, die im Liebeslied ungezählte Male wiederholt und variiert werden und ritusartig Frauenverehrung zelebrieren. Hoher Anspruch für das Ausgesagte ist auch mit der Strophenform angemeldet, einem kunstvollen Zwölfzeiler mit vier gattungstypischen zweihebigen Kurzversen.

Lag Luther ein weltliches Liebeslied vor, das er geistlich umadressierte, eine übliche weltlich-geistliche Kontrafaktur, wie vermutet wurde? Oder ein Marienlied, das er auf die Kirche umschrieb? Ein Marienlied, das in langer Tradition die Frauenfigur der Apokalypse auf Maria gedeutet und, ebenfalls in langer Tradition, Liebesliedmotive einbezogen hatte? Bis heute wurde keine entsprechende Vorlage aufgefunden. Wir können die drei Strophen Luther als eigene Schöpfung zutrauen, nicht nur aufgrund seiner theologischen, sondern gerade auch seiner literarischen Kenntnisse und Fähigkeiten.

Die Frau aus der Offenbarung des Johannes

Biblische Quelle seines Liedes über die Kirche ist nach der Überschrift Kapitel 12 (V. 1–6) der Offenbarung des Johannes. Entgegen der vorherrschenden Tradition in Wort und Bild, die die Frauenfigur des Textes auf Maria deutet, hat Luther von allem Anfang an in ihr ein Bild der Kirche gesehen. Sollte ein Lied über die Kirche nicht gereimte Ekklesiologie sein – die apokalyptische Frauenfigur bot Gelegenheit, Kirche als handelnd und betroffen im heilsgeschichtlichen Zusammenhang vor Augen zu führen, auch als eine geistliche Partnerin, zu der ich mich, anders als zu einem Lehrsatz, verhalten kann. Luther hat die »zwei Zeichen am Himmel« des biblischen Textes in den Strophen 2 und 3 seines Liedes verarbeitet.

Strophe 2: Die Erscheinung der Frau in Offb 12,1 und 2 ist in allen Einzelheiten wiedergegeben. Sie ist in Sonnenglanz gekleidet; der Mond liegt unter ihren Füßen; sie trägt eine Krone aus zwölf Sternen; sie liegt in Geburtswehen. Wie kann das als Bild der Kirche verstanden werden? Bei Luther doch gewiss nicht im Sinne einer machtvoll triumphierenden Kirche. Luther hat das Bild nicht im Einzelnen ausgedeutet. Man hätte das vielleicht für den Kronenschmuck erwartet, den Luther vorangestellt hat, für die Sterne in ihrer symbolträchtigen Zahl 12. Luthers Zurückhaltung gegenüber der allegorischen Schriftauslegung ist belegt. Er verfährt anders. Er schiebt zwei Verse ein: *Sie ist die Braut,/ dem Herrn vertraut* (anverlobt). Die weibliche Erscheinung mit ihren schmückenden Hoheitsattributen bedeutet Kirche im Sinne der »Braut des Herrn«. Luther rückt die Frauenerscheinung der Offenbarung in eine Bildtradition Alten und Neuen Testaments, in der die Gläubigen als »Braut« ihres himmlischen »Bräutigams« erscheinen. Die Gläubigen sind in dieser Rolle bräutlich geschmückt, rein, schön, anziehend, liebend, sich sehnend und ihrerseits von Gott gesucht und geliebt. Das begründet ihren Rang und ihre Würde. Nicht zuletzt die Offenbarung (19,7f.; 21,2.9) hat eindrucksvoll diesen Bildbereich für eschatologische Erfüllung und Vollendung eingesetzt. Für Luther war sicher das Hohelied gegenwärtig in der Deutung, dass darin die Gottesbeziehung als bräutliches Liebesverhältnis und Hochzeitsvorspiel gespiegelt sei.

Deutungsprobleme

Das größere Problem wirft die zweite Strophenhälfte auf. Wie kann die Frau, die in Wehen liegt und ein Kind gebiert, auf die Kirche gedeutet werden? Zumal es sich in Luthers Ergänzung, die Offb 12,5 an dieser Stelle vorwegnimmt, bei dem *schönen Kind*, dem *edlen Sohn* um den *Herren der Welt* und den Herrn der Kirche (*dem sie ist untertan*) handelt, um Christus? Wie kann die Kirche Christus geboren haben? Eine Lösung liegt in Luthers erweitertem Begriff von »Kirche«. So heißt es etwa in der *Ennaratio Psalmi XC* in Übersetzung: »Die Kirche (*Ecclesia*) gab es immer, immer gab es irgendwie ein Volk Gottes (*Dei populus*), vom ersten Menschen Adam bis zum letzten.« Christus ist aus der »bräutlichen« Verbindung Gottes mit dem Gottesvolk Israel hervorgegangen, von wo aus er seinen Heilsweg für alle, dann seine Herrschaft über die ganze Welt angetreten hat. Der Gedanke, dass die christliche Kirche in der Verkündigung des »Wortes« Christus in die Welt »hineingebiert«, mag anklingen.

Gott handelt doch

Strophe 3 greift Offb 12,3–6 auf. Luther lässt hier jedoch bereits in der Nacherzählung alle allegorischen und zahlensymbolischen Detailangaben beiseite (die sieben Häupter des Drachen, seine zehn Hörner, sieben Kronen, seinen Schwanz, der ein Drittel der Sterne wegfegt), und reduziert den biblischen Bericht auf den Handlungskern. Der *alte Drache* will das Kind *verschlingen*, vergeblich, es ist, seinem *Toben* entzogen, in den *Himmel hoch* aufgenommen; dagegen darf der Drache *auf Erden* überaus heftig *wüten*; dem ist auch *die Mutter*, allein zurückgelassen, ausgesetzt, jedoch will Gott sie väterlich *behüten.* In Luthers reduzierender, akzentuierender Nacherzählung des bildlichen Geschehens tritt uns nicht weniger als der Kern der christlichen Botschaft entgegen: Christi Tod und Auferstehung als Sieg über die Unheilsmächte, seine Aufnahme in den Himmel als den Thronort seiner Weltherrschaft. Aber auch Luthers »dualistische« Sicht des heilsgeschichtlichen Geschehens ist eingegangen: dass die Unheilsmächte zwar durch Christus besiegt, jedoch als Bedrängnis, Versuchung, Anfechtung der Glaubenden am Werk sind. Aber Gott behütet, tröstet, hilft. Sein Handeln ist im Lied eindrucksvoll als ein an jeder wichtigen Stelle wiederholtes *doch* dargestellt: des Drachen *Toben ist doch ganz verlorn ... Das Kind ist doch gen Himmel hoch genommen hin ... doch will sie Gott behüten.*

Not und Rettung als Anlass für neue Lieder

Mit der Einordnung des Einzelthemas in den großen heilsgeschichtlichen Zusammenhang stellt sich Luthers Lied über die Kirche in die Reihe der meisten seiner Lieder. Die Erfahrung, dass die jetzige heilsgeschichtliche Stunde Not und zugleich, biblisch bezeugt, Rettung bedeutet, ist Anlass nicht weniger seiner Lieder. Besonders dafür zu nennen sind seine Psalmlieder und solche seiner Lieder besonders der späteren Schaffenszeit, die von einem bedrohten und bedrängten »Jetzt« ausgelöst sind wie *Erhalt uns, Herr, bei deinem Wort* (EG 193), *Verleih uns Frieden gnädiglich* (EG 421) und besonders *Ein feste Burg ist unser Gott* (EG 362), mit dem das Lied auf die Kirche wichtige Formulierungen teilt: *Das tut dem alten Drachen Zorn – Der alt böse Feind,/ mit Ernst er's jetzt meint*; das *Doch* des schließlichen rettenden Ausgangs; *verschlingen/ gelingen* steht in beiden Liedern sogar in Reimstellung.

Was wollte Luther? Wollte er, den Themenkreis ergänzend, ein Lied zum Thema »Kirche« verfassen? Oder war es nicht vielmehr und genauer die bedrängte Lage der Kirche im reformatorischen Umbruch, die ihn zur Darstellung drängte, zur Deutung der aktuellen Situation in einem biblischen Muster, im Muster der apokalyptischen Frauengestalt? Und ist es nicht letztlich ein Trostlied für ihn selbst und die Seinen, wie es auch die genannten Lieder sind?

Die Kirche als Braut des Herrn

Am Ende der »Vorrede auf die Offenbarung S. Johannis« von 1530 fasst Luther den »Nutzen« dieses biblischen Buches zusammen, in dem er insgesamt eine Schrift über die Kirche sieht. Sie dient »erstlich zur Tröstung, dass wir wissen, wie dass keine Gewalt ... kein Trübsal noch Leid werden die Christenheit [Luthers bevorzugte Bezeichnung für die christliche »Kirche«] unterdrücken, sondern sie soll endlich den Sieg behalten und obliegen«. Zum anderen: Sie ist gegen den Augenschein all ihrer »Trübsaln, Ketzereien und andern Gebrechen« hier im Verborgenen und bei Christus im Himmel das, was wir im Credo bekennen: »eine heilige christliche Kirche« (WA.DB 7,418f.). In der Vorlesung über die Stufenpsalmen von 1532/33 war Luther auf die bildnerische Darstellung der Ecclesia als vornehme, edle, schöne Frau (*elegantem virginem*) eingegangen. Das stimme für den geistlichen Blick. Das ist sie als Braut Christi (*quod Christus est eius sponsus*) (WA 40^3,314,34–315,17). – Das ist der Gehalt der Strophen 2 und 3 des Liedes!

Luther hat seine Lieder nicht nur in Traditionen der Kirche und Frömmigkeit gestellt, sondern auch weltliche literarische und kulturelle Bereiche herangezogen, um auch in ihnen die christliche Botschaft wirksam werden zu lassen (s. Einleitung). Er hat die Kirche in Auslegung von Offb 12 als Frauenfigur dargestellt. Als »Braut des Herrn« kommen ihr hoher Rang und Schmuck zu. Als Teilnehmerin an der Heilsgeschichte, als Mutter des heilbringenden Sohnes ist sie dennoch auch der Not ständiger Bedrohung unterworfen, weiß sich aber väterlich behütet. Es gibt eine literarische Gattung zu Luthers Zeit, die imstande ist, diese Motive in Sprache und Form aufzugreifen, eben das höfisch gehobene Liebeslied auf eine Frau. Es hält eine Fülle von Sprachformeln für ihre Lobwürdigkeit bereit, aber ebenso solche für die Liebes- und Lebensgemeinschaft, die auch und besonders im Unglück tröstlich wirksam wird. *Halt gleich Gemüt* [sei ebenso eingestellt]/ *wie mein Geblüt* [ich der Mann]/ *allein zu dir/ steht mit Begier!/ Das mich genügt,/ obschon Unglück das anders fügt* (Lied 42, Str. 5 in Georg Forster, Frische Teutsche Liedlein). Luther hat in seiner 1. Strophe auf diese Gattung zurückgegriffen. Ein überraschender, Aufmerksamkeit weckender Einstieg, ein rhetorisches *attentum parare*? Sicher mehr. Luthers Liebesliedstrophe fragt an: Wem kann und soll ein so hoher Frauenpreis letztlich zukommen? Welche Liebesbindung hält immer und hält wirklich auch dem Unglück stand? Die Strophen 2 und 3 geben die biblisch begründete Antwort, die *Heilige Christliche Kirche.* – Diese beiden Strophen sind beschreibend. Der Liebeslied-Eingang ist gattungsgemäß in der Ich-Form abgefasst. Es ist ein Ich, dem nachzusprechen, nachzusingen jeder eingeladen ist. Es eröffnet die Möglichkeit, dass ich mich persönlich zur Lob-, Liebes- und Lebensgemeinschaft Kirche bekennen kann. – Setzt Luther das Programm einer »Kunsterziehung« um, das er in seiner ersten Gesangbuch-Vorrede von 1524 formuliert hatte: dass besonders die »Jugend« in der »Musica und andern rechten Künsten« erzogen werden soll, damit sie einen würdigen Ersatz hätte für die »Buhllieder und fleischlichen Gesänge«?

Luthers Lied auf die Kirche kann nicht ohne geschichtliche Erklärung in Gebrauch genommen werden. Gerade dabei wird beispielhaft deutlich, welch weite und genaue Kenntnisse des literarischen und kulturellen Umfelds, nicht nur der Theologie, Luther einsetzt, um die christliche Botschaft »auf allerlei Weise«, auf jedwede Art zur Geltung zu bringen, auch beim Thema Kirche.

Zur Melodie[6]

Eine gedruckte Melodie erscheint mit dem Lied vermutlich erstmals 1544, belegt allerdings erst durch ein Frankfurter Gesangbuch aus dem Jahr 1565. Diese Melodie steht – wie etwa auch Luthers Psalmlied zu Psalm 12 *Ach Gott, vom Himmel sieh darein* (EG 273) – im sogenannten hypophrygischen Modus. Das Babstsche Gesangbuch von 1545 enthält die oben abgedruckte Melodie. Sie paraphrasiert einen Melodietypus, wie er auch solchen Melodien wie *Nun freut euch, lieben Christen gmein* (EG 341) oder *Preis, Lob und Dank sei Gott, dem Herren* (EG 294) zu Grunde liegt. Dessen Eigenschaften sind: Dur-Charakter, Umfang etwa einer Oktave von der Unterquart zur Oberquint des Grundtones, Barform und bestimmte melodische Verlaufsmuster in den einzelnen Unterabschnitten. Die bei Babst belegte Melodie entspricht der literarischen Gattung des Textes im Hofweisenstil, indem sie den zu Grunde

6 Der Abschnitt zur Melodie stammt von Gunter Kennel.

liegenden Melodietypus durch reiche Melismatik, komplizierte Rhythmik und einen Mensurwechsel erweitert.

Ihre Herkunft liegt im Dunkeln. Man kann vermuten, dass das Lied mit seiner Melodie die Kontrafaktur eines weltlichen Frauenlobs oder eines Marienliedes ist. Dafür fehlen aber die Belege. Dies würde eine komplette Neuschöpfung durch Luther nahelegen. Aber unter Luthers gesicherten Melodien findet sich keine Analogie für eine derart komplexe Melodiebildung, wie sie die bei Babst gedruckte Melodie aufweist. Dieser Umstand spricht wiederum für eine Vorlage, die Luthers Schöpfung textlich wie musikalisch inspiriert haben könnte. Es kann aber genauso sein, dass Luther selbst der Melodieschöpfer war, der analog der für seine Lieder singulären literarischen Gattung des Liedes auch einen singulären Weg der Melodiebildung gewählt hat. Zuzutrauen wäre Luther eine solche Autorschaft auf Grund seiner umfassenden literarischen wie musikalischen Bildung durchaus. Letztlich müssen also die Fragen nach Vorlage und Autorschaft unentschieden bleiben.

Unabhängig von der Frage der Autorschaft dieser und der anderen belegten Melodie zu *Sie ist mir lieb* erscheint es von der Besonderheit der Gattung und der Komplexität der Form von Text und Melodie her ziemlich ausgeschlossen, dass dieses Lied als ein gottesdienstliches Gemeindelied gedacht war. Vielmehr ist dieses Lied mit seiner Melodie der beste Beweis dafür, dass es in der Reformationszeit geistliche Lieder für den Solovortrag gab, die von vornherein für außergottesdienstliche Situationen verfasst worden sind.

Gerhard Hahn

Ausgaben

WA 35, 462f.; 525–527 (Nr. 30)
WA.A 4, 292–294 (Nr. 34)
Heidrich-Schilling 112–117 (Nr. 29)

Mitten wir im Leben sind mit dem Tod umfangen (EG 518)

2. Mitten in dem Tod anficht
uns der Hölle Rachen.
Wer will uns aus solcher Not
frei und ledig machen?
Das tust du, Herr, alleine.
Es jammert dein Barmherzigkeit
unsre Klag und großes Leid.
Heiliger Herre Gott,
heiliger starker Gott,
heiliger barmherziger Heiland,
du ewiger Gott:
Lass uns nicht verzagen
vor der tiefen Hölle Glut.
Kyrieleison.

3. Mitten in der Hölle Angst
unsre Sünd' uns treiben.
Wo solln wir denn fliehen hin,
da wir mögen bleiben?
Zu dir, Herr Christ, alleine.
Vergossen ist dein teures Blut,
das g'nug für die Sünde tut.
Heiliger Herre Gott,
heiliger starker Gott,
heiliger barmherziger Heiland,
du ewiger Gott:
Lass uns nicht entfallen
von des rechten Glaubens Trost.
Kyrieleison.

Mitten im Leben sind wir im Tod

Media vita in morte sumus, so beginnt eine mittelalterliche Antiphon, die der Legende nach Notker Balbulus verfasst haben soll, der berühmte Sequenzendichter des 9. Jahrhunderts aus dem Kloster Sankt Gallen. Als er eines Tages in den Schweizer Alpen den gefährlichen Arbeiten an einem Brückenbau zusieht, steht es plötzlich als Bild vor seiner Seele, wie sich in jedem Augenblick unseres Lebens der Abgrund des Todes auftut. Ihm fällt – so heißt es – ein altes Bittgebet ein und er dichtet dazu die Worte:

Media vita in morte sumus.	Mitten im Leben sind wir im Tode.
Quem querimus adiutorem,	Wen suchen wir als Helfer,
nisi te, Domine?	wenn nicht dich, Herr?
qui pro peccatis nostris	der du wegen unserer Sünden
iuste irasceris.	zu Recht erzürnst.
Sancte Deus	Heiliger Gott
Sancte fortis	Heiliger Starker
Sancte et misericors salvator	Heiliger und barmherziger Heiland
amarae morti ne tradas nos.	dem bitteren Tod überlass uns nicht.

Die Möglichkeit eines Hereinbrechens des Todes mitten in das Leben lässt an die Bedrohung durch einen plötzlichen, unerwarteten Tod denken. Es war nicht so sehr der Tod an sich, der die Menschen des Mittelalters schreckte, sondern vielmehr der unvorhergesehene, jählings hereinbrechende Tod. Für das Mittelalter ist die Welt ein Schauplatz des Kampfes zwischen göttlichen und dämonischen Mächten. Der Todesstunde wird in diesem Zusammenhang eine entscheidende Bedeutung beigemessen: Hier entbrennt noch einmal mit besonderer Heftigkeit der Kampf zwischen Engeln und Dämonen um die Seele des Sterbenden.

Wie die ab dem 7. Jahrhundert florierende Literaturgattung der »Jenseitsvisionen« mit aller nur wünschenswerten Deutlichkeit illustriert, können die vertrauten Sterberituale der Kirche und das fürbittende Gebet der Angehörigen und Freunde die feindlichen Mächte empfindlich schwächen und so zu einer Überlegenheit der Engel beitragen. Der plötzlich eintretende, unangekündigte Tod lässt diese Hilfe nicht zu und ist deshalb der gefürchtete, der hässliche und gemeine Tod. Gegenüber dieser Bedrohung ruft die Antiphon zu Gott als dem einzig möglichen Beistand gegen die Todesmacht: *Wen suchen wir als Helfer, wenn nicht dich, Herr?* (V. 2f) Fast paradox für unsere Ohren klingt es, wenn im folgenden Doppelvers ausgerechnet der einzige Helfer nun als *zornig* charakterisiert wird, als einer, der – das legen die Psalmen nahe (Ps 38,2; 59,14) – in seinem Zorn den Tod vielleicht erst veranlasst hat. Doch wird das Erzürnen Gottes durch seine Charakterisierung mit *iuste* als gerechtfertigt, als zu Recht bestehend anerkannt, und dieses implizite Schuldeingeständnis lässt umgekehrt wieder auf Barmherzigkeit hoffen. Hier zeigt sich deutlich der Mentalitätsunterschied zwischen der Alten Kirche und der des Mittelalters: Nicht der Glaube an die in Christi Tod und Auferstehung erworbene Erlösung bestimmt den Gebetsruf, sondern die alleinige Hoffnung auf die Barmherzigkeit des Richters, der trotz aller Schuld Gnade vor Recht ergehen lassen möge.

Die folgenden drei Verse (6–8) sind älter als die Antiphon. Sie sind das alte Bittgebet der Notker-Legende, um die der fromme Mönch seine eigenen Verse gedichtet haben soll. Sie gehen auf Jes 6,3 zurück, auf die Berufungsvision des Propheten, und sind seit dem 5. Jahrhundert in der byzantinischen Liturgie nachweisbar. Hier haben sie die Form: »Heiliger Gott, heiliger Starker, heiliger Unsterblicher, erbarme dich unser.« Im Westen findet sich dieses Trishagion (Dreimalheilig) im 7. Jahrhundert im Kontext der Kreuzverehrung des Karfreitags. Von dort wandert der Ruf in die Osterspiele: Mit dem Trishagion begrüßt Maria Magdalena den Auferstandenen, den Todesüberwinder, der sich ihr am leeren Grab zu erkennen gibt. Von hier aus wird es in die Antiphon übernommen. Es soll den *Herrn*, in dem nun Christus, der Todesüberwinder, deutlich erkennbar ist, qualifizieren als einen, der angesichts der Todesdrohung helfen kann (er ist ein *Starker*) und helfen will (er ist ein *barmherziger Heiland*). Gleichzeitig leitet das Trishagion so zu der eigentlichen Bitte in Vers 9 über: *Dem bitteren Tod überlass uns nicht.*

Mittelalterliche Übertragungen und das Lied Martin Luthers

Spannt man die oben mitgeteilte Brückenbaulegende auf den Seziertisch der historisch-philologischen Forschung, so bleibt von ihr immerhin noch ihr klösterlicher Ursprung übrig. Tatsächlich dürfte die Antiphon in der ersten Hälfte des 11. Jahrhunderts im Umkreis des lothringischen Reformklosters Gorze entstanden sein. Die ältesten Quellen belegen sie als Rahmengesang zum *Nunc dimittis* der Komplet, dem Nachtgebet der Kirche. Im 13. Jahrhundert wird sie als Prozessionslied gebraucht für Bitttage, an Allerseelen, bei Fronleichnamsumzügen auf Friedhöfen. Das Spätmittelalter nimmt die Antiphon ins Totenoffizium. Möglicherweise leitet sich von hier der von Zeitgenossen beklagte Missbrauch ab, das *Media vita* auch zum »Schadensingen« zu gebrauchen, nämlich um Gegnern den Tod anzuwünschen. Seit dem 15. Jahrhundert gibt es verschiedene Übertragungen ins Deutsche. Aus dem ursprünglichen Abendgebet der Mönche und Kleriker wird ein Lied des Volkes. Eine Prosafassung findet sich bereits 1422, in Liedform überliefert sie 1456 eine Handschrift aus einem Benediktinerkloster bei Salzburg. Die erste bekannte Druckfassung ist ein Baseler »Plenarium oder Ewangely bouch« von 1514 (Text bei Hahn, Evangelium 205). Das Lied Martin Luthers, das genau zehn Jahre später in den Erfurter Enchiridien (hier noch ohne Melodie) und in Johann Walters Chorgesangbuch (»Geystliche Gesangbüchlin«, 1524) erscheint, hat nicht nur die lateinische Urgestalt, sondern auch die deutschen Übertragungen zum Vorbild:

	Basel 1514	**Luther 1524 (Chorgesangbuch)**
1	In mittel vnsers lebens zeyt	Mytten wir ym leben sind
2	im tod seind wir vmbfangen:	mit dem tod umfangen
3	Wen suchen wir, der vnß hilffe geyt	Wen suchen wir, der hulffe thu,
4	von dem wir huld erlangen,	das wir gnad erlangen
5	Dann dich, herr, alleine?	das byst du, Herr, alleyne.
6	der du vmb vnser missetat	Uns reuet unser missethat,
7	rechtlichen zürnen thuost.	die dich, herr, erzurnet hat.
8	Heiliger Herre gott,	Heyliger herre Gott,
9	Heiliger starcker gott,	Heyliger starcker Gott,
10	Heiliger vnd barmhertziger heiler, ewiger got,	Heyliger barmhertziger Heyland, du ewiger Gott,
11	laß vns nit gewalt thuon des bitteren tods not.	laß uns nitt versincken in des bittern todes not.
12		Kyrieeleison

»Luther musste nur einige Linien nachziehen, verlängern und verbinden, um eines jener gewünschten deutschen Lieder zu gewinnen, ›die es wert wären, in Gottes Kirche regelmäßig verwendet zu werden‹ (›Formula Missae‹, WA 12, 218)« (Gerhard Hahn). Im Vergleich zur Basler Fassung hat Luther das Reimschema abgewandelt: Er versteht 1–2 und 3–4 jeweils als Langzeile und verzichtet auf den Reim in Zeile 1 und 3. Dafür reimen sich, anders als in der Vorlage, die Zeilen 6 und 7. Die dazwischenstehende fünfte Zeile fällt bei Luther ganz pointiert aus dem Reimrahmen und wird dadurch stark hervorgehoben: *Das bist du, Herr alleine.* Das nur implizite Schuldbekenntnis der Vorlage wird nun ein deutliches Reuebekenntnis: *Uns reuet unser Missetat.* Jeder der Trishagion-Rufe endet auf *Gott* und reimt auf die letzte Zeile (*Not).* Die Schlusspointe ist dadurch mit dem Trishagion eng verzahnt.

Schwebende Melodie

Die Melodiegestalt in Johann Walters Geistlichem Chorgesangbüchlein dürfte nicht auf Luther selbst, sondern auf eben Johann Walter zurückgehen. Zusammenhänge mit der Tonfolge der Antiphon und früherer Übertragungen sind erkennbar, doch ist die gesamte melodische Anlage neu geordnet und aufs engste dem Text angepasst. Die Melodiebögen führen immer dann zu einem Hochton, wenn es der Wortakzent erfordert. So sind die Begriffe *Leben, Tod, Hilfe, Gnad, Missetat* und *Herr* durch Spitzentöne hervorgehoben. Der Rhythmus ist der gesprochenen Sprache nachgebildet; durch kurzen Auftakt sind betont *das bist du, Herr* und *uns reuet.* Das gesamte Stück ist in phrygischer Tonart gehalten, was der Melodie eine gewisse Labilität und ›Grundlosigkeit‹ verleiht. Bedeutsame Ausnahme ist wieder die fünfte Zeile: *Das bist du, Herr, alleine* – mit dem Wechsel zum jonischen Ton erhält auch die Melodie den Charakter einer Antwort, erhält, indem sie auf dem tiefen *C* zu stehen kommt, sozusagen Boden unter den Füßen.

Mitten im Tode sind wir im Leben

Luther akzentuiert nicht nur die lateinische Antiphon und ihre deutschen Übertragungen, er schreibt sie auch weiter. In zwei neu verfassten Strophen gelingt es ihm, den Blick zu weiten von der mittelalterlichen Sünden- und Todesangst hin auf das Evangelium von Christi heilbringendem Sterben und der bereits ein für alle Mal geschenkten Erlösung: *Vergossen ist dein teures Blut, / das g'nug für die Sünde tut.*

Das Auffälligste an Luthers Lied ist die perfekte Parallelität der zwei neuen Strophen mit der ›alten‹ ersten Strophe. Dadurch wird eine ›Situationsgleichheit‹ der jeweiligen Anfangszeilen herstellt: »Mitten im Tod« (Str. 2) und »mitten in der höllischen Angst« (Str. 3) sind nirgendwo anders als »mitten im Leben« (Str. 1). Wodurch sich das Lutherlied von den mittelalterlichen *Media-Vita*-Versionen, den lateinischen wie den deutschen, am deutlichsten abhebt, ist zweierlei: zum einen durch den erheblich verstärkten affektiven Charakter der Sprache, die drastischen und plastischen Bilder der Not, die wie ein Strudel die menschliche Existenz unrettbar zu erfassen scheint: *in des bittren Todes Not versinken, verzagen vor der tiefen Höllen Glut, getrieben werden von der Sünde in die Angst der Hölle.* Zum anderen durch das glasklare, fast nüchterne Bekenntnis zur reformatorischen Rechtfertigungslehre, das sich folgerichtig und genau kalkuliert durch die drei Strophen hin entwickelt. Die reformatorische Ermutigung wird – im Vergleich mit den vorreformatorischen Fassungen – besonders in den Zeilen 5–7 deutlich: Die Anrufung des Helfers ist aus dem Satzgefüge der vorhergehenden Zeilen gelöst und zu einer syntaktisch neuen Einheit geformt, die sich auch melodisch von dem übrigen Lied abhebt: *das byst du, herr, alleyne.* Sie markiert Luthers Eigenstes. Eine Entsprechung in den Vorlagen fehlt. Wo die lateinische Antiphon und die Basler Fassung eine rhetorische Frage haben, setzt Luther die sichere Gewissheit: *das bist du, Herr, alleine / das tust du, Herr, alleine / zu dir, Herr Christ, alleine.* Neben diese Anrufung hatten die lateinische Urform und deren mittelalterliche Übersetzung unvermittelt und hart den tieferen Grund für die Todesbedrohung gestellt, nämlich den völlig zu Recht entflammten Zorn Gottes (*qui pro peccatis nostris iuste irasceris / der du vmb vnser missetat rechtlichen zürnen thuost*). Luther dagegen macht aus diesem nur indirekten Schuldbekenntnis ein direktes Reuebekenntnis: *Uns reuet unser missethat,/ die dich, herr, erzurnet hat.* Dadurch kann das, was zwischen der vom Tod umstellten Lage des Menschen und dem gerechten Zorn Gottes vermittelt, »der Herr alleine« (*solus Christus*), in jeder Strophe markant akzentuiert werden.

Am Ort des Reuebekenntnisses in Strophe 1, in den Zeilen 6 und 7, antwortet in Strophe 2 auf *Klag und großes Leid* der Menschen allein Gottes *Barmherzigkeit*, und Strophe 3 schließlich, die die Todesbedrohung auf ihre letzte Ursache, die Sünde, zurückführt, nennt die glaubensgeschichtliche Grundlage dafür, dass der Sünder doch gerechtfertigt werden kann: *Vergossen ist dein teures Blut,/ das g'nug für die Sünde tut.*

Der Trishagion-Ruf nimmt diese Christuspointierung auf und findet dadurch zu seiner ursprünglichen Prägnanz zurück, die in den westlichen Kirchen durch eine trinitarische Deutung überdeckt wurde (und wird). Die spezifisch reformatorische Spitze ist am Ende des Liedes aufgesteckt: In einem überraschenden Abweichen vom bisher eingehaltenen Strukturprinzip der »Kettenbildung« heißt es – wo man *Sünde* erwarten sollte – *rechten Glaubens Trost.* Statt um Bewahrung vor der Sünde wird um die angstbefreiende Zuversicht – denn das meint Luthers *Trost* – im rechten Glauben gebeten. Die einzig mögliche und einzig nötige Haltung angesichts der vollbrachten und vollkommenen Erlösung Christi (*vergossen ist dein teures Blut*) ist der *rechte Glaube.* Durch Christi Tod hat der Tod seinen Stachel verloren, unwiderruflich; er kann keine Bedrohung mehr sein. Deshalb kann Luther sein Lied, das diese frohe

Botschaft in Wort und Ton setzt, in den Erfurter Enchiridien mit der Überschrift »lopsanck« (Lobgesang) versehen.

In einer auf das Jahr 1533/34 zurückgehenden Auslegung des 90. Psalms macht der Prediger Martin Luther deutlich, worauf es etwa zehn Jahre zuvor dem Lieddichter Martin Luther ankam. Die, denen der Teufel zu Lebzeiten die Augen vor den Schreckensbildern Tod, Sünde und Hölle verschließt, die sollen durch ein drastisches *memento mori* aus ihrer falschen Sicherheit aufgeschreckt werden. Die am Tod Verzweifelnden dagegen sollen *des rechten Glaubens Trost* erfahren. Luther wörtlich: »Das muß miteinander verbunden werden, daß die Sicheren geschreckt und die Erschrockenen aufgerichtet und ermutigt werden [...]. Die Stimme des Gesetzes schreckt, indem sie den Sicheren das Lied singt: ›Mitten wir im Leben sind mit dem Tod umfangen‹; aber die Stimme des Evangeliums richtet wieder auf und singt: Mitten im Tode sind wir im Leben« (WA 40, 496).

Ansgar Franz

Ausgaben

WA 35, 453f.; 515f. (Nr. 24)
WA.A 4, 160–162 (Nr. 3)
Heidrich-Schilling 20–23 (Nr. 3)

Die beste Zeit im Jahr ist mein (EG 319)

2. Voran die liebe Nachtigall
macht alles fröhlich überall
mit ihrem lieblichen Gesang,
des muss sie haben immer Dank.

3. Vielmehr der liebe Herre Gott,
der sie also geschaffen hat,
zu sein die rechte Sängerin,
der Musika ein Meisterin.

4. Dem singt und springt sie Tag und Nacht,
seins Lobes sie nichts müde macht:
Den ehrt und lobt auch mein Gesang
und sagt ihm einen ewgen Dank.

Die geistliche Kraft des Singens

Martin Luthers Lieder haben sich wie ein Lauffeuer verbreitet. Auf unzähligen Flugblättern werden sie abgedruckt und kommen auf diese Weise unters Volk. Mit deutschen Liedstrophen wird die Wiederentdeckung des Evangeliums weitergetragen – von Haus zu Haus und von Stadt zu Stadt. Das Kirchenvolk wird buchstäblich mündig und bekommt eine eigene Stimme. Es kommt zuweilen dazu, dass während der althergebrachten römischen Messe neue Lieder angestimmt werden. Bezeichnend sind etwa die Aufzeichnungen des Stadtschreibers von Lemgo, der von seinem dem alten Glauben noch anhängenden Bürgermeister in die Stadtkirche geschickt wird, um zu schauen, was sich dort mit dem neuen Glauben tue. Als er zurückkommt und dem Bürgermeister meldet: »Nun, sie singen schon alle«, soll der geantwortet haben: »Ei, dann ist alles verloren!«

Die Reformation ist von früh an eine Art Singbewegung gewesen. Die neuen Lieder stiften Gemeinschaft und helfen, sich auf den neuen Glauben sprichwörtlich einen Reim zu machen und diesen singend weiterzutragen. Das Singen von Liedern wird zu einem Kennzeichen evangelischer Identität, weil es von kommunikativer und katechetischer Kraft ist. Doch nicht nur das. Das Singen von Liedern ist auch eine geistliche Methode, die einzustimmen hilft in den Resonanzraum des Glaubens.

Von der geistlichen Kraft des Singens handelt Martin Luthers Lied *Die beste Zeit im Jahr ist mein*. Es ist weit mehr als ein Natur- und Volkslied, als das es gern bezeichnet und gesungen wird. Als vermutlich einziges Lied im Evangelischen Gesangbuch thematisiert es das Singen als eine geistliche Übung, auf dass der Mensch aus sich selbst heraustrete und sich als ein in den Schöpfungsklang einstimmendes Geschöpf erfahre. Gerade in einer gesangsmüden Epoche, in der eine digital jederzeit verfüg- und abrufbare Musik immer weniger Menschen ins Singen geraten lässt, tut eine gesangstheologische Besinnung gut, wie sie Martin Luther mit seinem Lied treibt.

Vom Lehr- und Lobgedicht zum Lied

Die vier Strophen des Liedes sind ein Auszug aus einem längeren Lehr- und Lobgedicht, das Martin Luther für eine Druckschrift mit dem programmatischen Titel »Lob und Preis der löblichen Kunst Musica« (1538) verfasst. Herausgeber ist der mit Martin Luther befreundete Kantor Johann Walter (1496–1570). Das Abfassen von Lehr- und Lobgedichten gehört zur humanistischen Tradition und Bildung, in der auch Martin Luther steht. Der ursprüngliche Entstehungszusammenhang des Liedes ist weder der Gottesdienst noch das Konzert oder der Volksgesang, sondern das gelehrte und in Poesie gefasste Nachdenken und Nachsinnen über die Kunst und Gabe der Musik. Martin Luther treibt Musiktheologie in gereimter Form.

Frau Musica (spricht):

1 Vor allen Freuden auf Erden
2 kann niemandem eine schönere werden,
3 denn die ich geb mit mei'm Singen
4 und mit manchem süßen Klingen.
5 Hier kann nicht sein ein böser Mut,

wo da singen Gesellen gut.
Hier bleibt kein Zorn, Zank, Haß noch Neid;
weichen muss alles Herzeleid.
Geiz, Sorg und was sonst hart anleit [zusetzt]
fährt hin mit aller Traurigkeit.
Auch ist ein jeder des wohl frei,
dass solche Freud kein Sünde sei,
sondern auch Gott viel besser gefällt
denn alle Freud der ganzen Welt.
Dem Teufel sie sein Werk zerstört
und verhindert viel böser Mörd.

Das bezeugt Davids, des Königs, Tat,
der dem Saul oft gewehret hat
mit gutem, süßem Harfenspiel,
dass er in großen Mord nicht fiel.
Zum göttlichen Wort und Wahrheit
macht sie das Herz still und bereit.
Solchs hat Elisäus bekannt,
da er den Geist durchs Harfen fand.

Die beste Zeit im Jahr ist mein;
da singen alle Vögelein.
Himmel und Erde ist der voll;
viel gut Gesang da lautet wohl.
Voran die liebe Nachtigall
macht alles fröhlich überall
mit ihrem lieblichen Gesang.
Des muß sie haben immer Dank.
Viel mehr der liebe Herre Gott,
der sie also geschaffen hat,
zu sein die rechte Sängerin,
der Musica ein Meisterin.
Dem singt und springt sie Tag und Nacht;
seins Lobes sie nichts müde macht.
Den ehrt und lobt auch mein Gesang
und sagt ihm einen ewigen Dank.

Die Kraft der Musik

Martin Luthers Lobgesang der *Frau Musica* umfasst vierzig Zeilen mit durchlaufendem Paarreim. Gereimte Zweizeiler aus jambischen Vierhebern sind eine auch zu Martin Luthers Zeiten beliebte poetische Form für Erzählungen und Abhandlungen. Das Lehr- und Lobgedicht lässt sich in drei Abschnitte gliedern, wobei der Mittelabschnitt acht Zeilen umfasst (Zeilen 17–24), der von einem Eingangs- und einem Schlussabschnitt mit jeweils sechzehn Zeilen (Zeilen 1–16 bzw. 25–40) umrahmt wird. Der Mittelabschnitt bildet die biblisch grundierte Keimzelle des Gedichtes. Das angeführte Beispiel König Sauls, dessen böser Geist durch den Harfe spielenden David gelindert wird (vgl. 1. Sam 16,23 und 18,10), weist auf die ethisch wirksame Kraft der Musik. Das darauf folgende Beispiel des Propheten Elisa, dem durch das Harfenspiel der göttliche Geist offen steht (vgl. 2. Kön 3,15), spricht die geistlich wirksame Rolle der Musik an. Dementsprechend ist der Eingangsabschnitt von der ethischen Wirkkraft der Musik bestimmt, die die menschlichen Affekte zu lenken vermag. Von der geistlichen Bedeutung der Musik ist sodann der Schlussabschnitt geprägt, dessen Zeilen die Textgrundlage für das Lied sind, das im Evangelischen Gesangbuch in der Rubrik *Loben und Danken* abgedruckt ist. Martin Luther lässt das gesamte Lob- und Lehrgedicht aus dem Munde der *Frau Musica* sprechen – als gleichsam erste und beste Zeugin für das, was das Singen und Musizieren bedeutet und bewirkt. Die Personifikation der sieben freien Künste, zu der auch die Musik zählt, ist eine gängige literarische Figur, die Martin Luther in die deutsche Sprachform überträgt.

Vom Lob der Musik zum Lob Gottes

Zu Beginn des Schlussabschnittes bzw. in der ersten Strophe des Gesangbuchliedes stellt sich die *Frau Musica* selbst vor und deklariert selbstbewusst: *Die beste Zeit im Jahr ist mein.* Damit ist zum einen die schöne Jahreszeit im Frühling und Sommer gemeint, in der die Welt voller Klang und Gesang ist insbesondere durch die singenden *Vögelein.* Der Gesang der Vögel ist ein Beispiel für ein wohlklingendes, ursprüngliches Leben, das dem Urklang der Schöpfung entspricht. Von der singenden Vogelschar lässt sich nach Martin Luther ein Ur- und Gottvertrauen abhören, so dass er empfiehlt: »Tut doch wie das Vögelein, singt, seid fröhlich und lasst die Sorge, lernt Glauben!« Zum anderen qualifizieren Musik und Singen die Zeit des Menschen. Sie wird zur *besten Zeit,* weil der Mensch über sich selbst hinauskommt und im Singen und Hören von dem Klang ergriffen wird, der von Gott her die Schöpfung durchwaltet. »Nichts ist ohne Klang oder klangliche Zahl«, urteilt Martin Luther im Anschluss an die Musiktheologie seiner Zeit.

In der zweiten Strophe tritt die *liebe Nachtigall* auf, die Martin Luther für eine besondere Meisterin und Predigerin hält. Ihr *lieblicher Gesang* hat gute Wirkung auf die menschlichen Affekte und *macht alles fröhlich überall.* Für ihren Gesang gebührt ihr *immer Dank.* Das Erlebnis von Musik führt zur Dankbarkeit gegenüber der Musik und denen, die sie erklingen lassen. Wem im Singen und Hören das Leben aufgeht, wer durch die Erfahrung von Musik aus sich selbst heraustritt und von einem größeren Klang berührt wird, weiß sich begeistert und von Dankbarkeit erfüllt.

In der dritten und vierten Strophe geht das Lob der Musik und der Musiker in ein Lob Gottes über. Im Blickpunkt steht *der liebe Herre Gott* als Schöpfer der Musik. Sowohl die Nachtigall als auch die Frau Musica loben den Schöpfer, indem sie sich in ihrer geschöpflichen Bestimmung zeigen: als *rechte Sängerin* und im *Gesang*. Im Vollzug des Musizierens liegen die Erfahrung der Geschöpflichkeit und das Schöpferlob ineinander. Der singende Mensch kommt sich als Geschöpf auf die Spur, weil er im Singen und Hören, im Ein- und Ausatmen über sich selbst hinaustritt und in den Klang einstimmt, der von Gott her die Schöpfung durchströmt. Wer über sich hinausgeht im Singen und Klingen, ist nicht mehr nur bei sich selbst, sondern steht im Resonanzraum des Glaubens, der nichts von sich, sondern alles von Gott erhofft. Der singende Mensch steht in einem Klangraum, der gleichermaßen von der eigenen Geschöpflichkeit und vom Lob des Schöpfers erfüllt ist.

Eine späte Melodie

An eine Vertonung seines Lehr- und Lobgedichtes wird Martin Luther nicht gedacht haben, hat er es doch als »Vorrede auf alle guten Gesangbücher« verfasst. Mitte des 19. Jahrhunderts kommt es zu ersten Versuchen, dem Schlussabschnitt eine Melodie zu unterlegen. Zum Reformationsgedenken 1917 veröffentlicht Karl Lütge (1875–1967), Lehrer in Bremervörde und Organist in Berlin, eine Singweise, die sich in Schulliederbüchern und in der Jugend- und Singbewegung durchsetzt – als beliebtes Natur- und Volkslied. Karl Lütges Vertonung schließt an Melodiemodelle des 16. Jahrhunderts an, um der Textvorlage aus der Reformationszeit gerecht zu werden. Entsprechend dem Strophenmaß (vier Verszeilen mit vier jambischen Versfüßen) ist die Melodie in vier Zeilen mit jeweils zwei Viertongruppen gegliedert. Auffällig sind die Auftakte, Achteldurchgänge und Wechselnoten. Die erste Melodiezeile ist von einer Aufttaktnote – ein Kennzeichen von Melodien der Reformationszeit –, einer Dreiklangsbrechung zu Beginn und einer Grundtonbestätigung in der zweiten Hälfte geprägt. Die zweite Melodiezeile durchwandert den Tonraum bis zur oberen Tonika. Der am Ende bestätigte Dominantton markiert die Mittelzäsur der Strophe. Die dritte Melodiezeile füllt den Quintraum und endet im Halbschluss wie eine Art Doppelpunkt vor der Schlusszeile. Die vierte Melodiezeile nimmt in einer Art

Reprise das Tonmaterial aus den bisherigen Zeilen auf und setzt mit der gehäuften Achtelbewegung einen fließend wirkungsvollen Schlusspunkt.

Es wäre zu wünschen, dass einmal das gesamte Lehr- und Lobgedicht von Martin Luther vertont vorliegt, nicht nur dessen Schlussabschnitt. Dann würde noch deutlicher werden, dass hier weit mehr als ein beschreibendes Natur- und Volkslied vorliegt, nämlich ein einzigartiges Wort-Ton-Gefüge, dass die Singenden in eine profunde Musik- und Gesangstheologie verwickelt. Musik und Gesang werden hier nicht auf theoretische Weise als Kunst (*ars*) oder Wissenschaft (*scientia*) beschrieben. Vielmehr treibt das Gesangbuchlied *Die beste Zeit im Jahr ist mein* Musik und Gesang als eine geistliche Übung, die den Menschen über sich selbst hinaustreten (Ek-sistenz) und im Hören und Singen aufleben lässt.

Johannes Block

Ausgabe

WA 35, 483f.

Literatur in Auswahl

Die Lieder Luthers, herausgegeben und eingeleitet von W. Lucke, in: D. Martin Luthers Werke. Kritische Gesamtausgabe, 35. Band (= WA 35), Weimar 1923

Liederkunde. Erster Teil: Lied 1 bis 175. Zweiter Teil: Lied 176–394, Handbuch zum Evangelischen Kirchengesangbuch (HEKG), Band III,1–2, Göttingen 1970/1990

Gerhard Hahn, Evangelium als literarische Anweisung. Zu Luthers Stellung in der Geschichte des deutschen kirchlichen Liedes, München/Zürich 1981

Luthers geistliche Lieder und Kirchengesänge. Vollständige Neuedition in Ergänzung zu Band 35 der Weimarer Ausgabe, bearbeitet von Markus Jenny, Archiv zur Weimarer Ausgabe 4 (= WA.A 4), Köln und Wien 1985

Liederkunde zum Evangelischen Gesangbuch, Handbuch zum Evangelischen Gesangbuch (HEG), Band 3, Ausgabe in Einzelheften, Göttingen 1/2000 bis 23/2017 (wird fortgesetzt)

Geistliches Wunderhorn. Große deutsche Kirchenlieder, herausgegeben von Hansjakob Becker, Ansgar Franz, Jürgen Henkys, Hermann Kurzke, Christa Reich und Alex Stock, München 2001

Johannes Block, Verstehen durch Musik: Das gesungene Wort in der Theologie. Ein hermeneutischer Beitrag zur Hymnologie am Beispiel Martin Luthers (Mainzer Hymnologische Studien 6), Tübingen 2002

Peter Bubmann und Konrad Klek (Hg.), Davon ich singen und sagen will. Die Evangelischen und ihre Lieder, Leipzig 2012

Gerhard Rödding, Ein neues Lied wir heben an. Martin Luthers Lieder und ihre Bedeutung für die Kirchenmusik, Neukirchen-Vluyn 2015

Martin Rößler, Die Wittenbergisch Nachtigall. Martin Luther und seine Lieder, Stuttgart 2. Aufl. 2016

Konrad Küster, Musik im Namen Luthers. Kulturtraditionen seit der Reformation, Kassel und Stuttgart 2016

Martin Geck, Luthers Lieder – Leuchttürme der Reformation, Hildesheim 2017

Martin Luther, Die Lieder, herausgegeben von Jürgen Heidrich und Johannes Schilling (= Heidrich-Schilling), Stuttgart 2017

Autoren

Ilsabe Alpermann, *1959, Dr. theol., Pfarrerin und Studienleiterin für Gottesdienst im Amt für kirchliche Dienste der Evangelischen Kirche Berlin-Brandenburg-schlesische Oberlausitz (EKBO), Berlin.

Johannes Block, *1965, Dr. theol. habil., Pfarrer an der Stadtkirche Wittenberg und Privatdozent für Praktische Theologie an der Universität Leipzig.

Martin Evang, *1957, Dr. theol., Theologischer Referent im Amt der Union Evangelischer Kirchen in der EKD (UEK), Hannover.

Ansgar Franz, *1959, Dr. theol., Professor für Liturgiewissenschaft und Homiletik an der Katholisch-Theologischen Fakultät des FB 01 der Johannes Gutenberg-Universität Mainz, Leiter der Forschungsstelle »Kirchenlied und Gesangbuch«.

Gerhard Hahn, *1933, Dr. phil., Professor (em.) für Germanistik/Mediävistik an der Universität Regensburg.

Gunter Kennel, *1961, Dr. theol., Landeskirchenmusikdirektor der Evangelischen Kirche Berlin-Brandenburg-schlesische Oberlausitz (EKBO), Berlin; Honorarprofessor für Kirchenmusik an der Theologischen Fakultät der Humboldt-Universität zu Berlin.

Bernhard Leube, *1954, Prof., Pfarrer im Amt für Kirchenmusik im Stuttgarter Oberkirchenrat der Evangelischen Landeskirche in Württemberg, Dozent für Liturgik, Hymnologie und theologische Gundlagen an der Evangelischen Hochschule für Kirchenmusik Tübingen.

Andreas Marti, *1949, Dr. theol., Prof., Organist, Cembalist, Chorleiter, Mitarbeiter am Reformierten Gesangbuch (1998) und am Deutschschweizer Liturgiewerk, Dozent für kirchenmusikalische Theoriefächer.

Werner Merten, *1927, Dr. phil., Prof., Pastor i.R. der Evangelisch-lutherischen Landeskirche Hannovers sowie ehem. Dozent im Studiengang Kirchenmusik an Hochschulen in Hannover und Essen.

Johannes Schilling, *1951, Dr. theol. h.c. Dr. theol. Dr. phil., Professor (em.) für Kirchengeschichte an der Theologischen Fakultät der Christian-Albrechts-Universität zu Kiel, Präsident der Luther-Gesellschaft.

Bernhard Schmidt, *1962, Dr. theol., Pfarrer und Vorsitzender der Kollegialen Leitung des Kirchenkreises Falkensee in der Evangelischen Kirche Berlin-Brandenburg-schlesische Oberlausitz (EKBO).